PEUT-ON RÉPARER L'HISTOIRE ?

ANTOINE GARAPON

PEUT-ON RÉPARER L'HISTOIRE ?

Colonisation, esclavage, Shoah

Odile
Jacob

15, rue Soufflot, 75005 Paris

www.odilejacob.fr

ISBN 978-2-7381-2062-5

À la mémoire de Jacqueline Lévi-Valensi

INTRODUCTION

Peut-on réparer l'histoire ? Quelle étrange question ! Autant se demander si l'on peut remonter le cours du temps ou se libérer de la condition humaine : la nécessaire inscription dans une histoire, dont nous sommes à la fois les acteurs et le produit, n'est-elle pas la marque de notre finitude ? D'autant que l'histoire est faite de boue et de sang, frappée d'une violence indissociable de la relation politique et qui la fonde. Cette part maudite de l'humanité exprime le tragique de la condition politique. N'est-il pas naïf de prétendre la réparer ? Le plus nouveau dans cette insolite question, c'est d'y songer. Parce que avant d'être regardée comme génératrice de préjudices, l'histoire fut longtemps considérée comme source d'espoir. L'action dans l'histoire – par l'histoire – laissait espérer une possible libération, une amélioration de notre condition terrestre. Pour la philosophie de l'histoire, la violence était un mal nécessaire qui allait accoucher d'un monde nouveau et meilleur ; la révolution était certes dévastatrice, mais elle hâtait l'avènement de la liberté, elle nous rapprochait d'un hypothétique dénouement. Et voici que nous ne nous satisfaisons plus d'être les notaires de cette histoire, nous prétendons en devenir les procureurs.

PUNIR, RÉCONCILIER, RÉPARER

L'histoire n'est plus le tribunal du monde, elle devient subitement justiciable de la justice des hommes. De la justice de certains hommes, et plus précisément des vainqueurs, ajouteront ses détracteurs : elle est l'œuvre de ceux qui veulent consacrer la victoire des armes par le verdict du droit. Ne l'a-t-on pas vu à Nuremberg en 1945 ? Le premier acte de cette pièce, qui en comporte pour l'instant trois, a consisté à criminaliser l'histoire : d'où l'idée de justice pénale internationale, inaugurée par les tribunaux militaires internationaux de Nuremberg et de Tokyo au lendemain de la Seconde Guerre mondiale, idée qui n'a véritablement pris corps qu'à la fin de la guerre froide par la création des deux tribunaux pénaux *ad hoc* pour l'ex-Yougoslavie et le Rwanda, créés en 1993, puis par celle en 1998 de la Cour pénale internationale.

À peine cette pénalisation de l'histoire était-elle engagée qu'elle se vit complétée, voire doublée par d'autres formes qui n'étaient plus ni pénales ni internationales : les commissions Vérité et Réconciliation. Ces dernières tentent moins de juger l'histoire que de l'alléger des germes de ressentiment qu'elle garde en ses flancs et qui peuvent l'amener à se répéter. Ces nouvelles formes consacrent la montée en puissance du thème de la *réconciliation*. Le modèle strictement pénal n'a pas tardé en effet à être dépassé par la recherche d'un accès plus direct au but recherché : non seulement faire la paix en obtenant le silence des armes mais aussi reconstruire une communauté politique. D'où son nom de justice « reconstructive », parce qu'elle se donne pour objectif de sanctionner les principaux auteurs de violations de droits de l'homme, de préserver la mémoire, mais aussi de garantir des institutions publiques qui conjureront le retour du passé. Cette justice, aussi appelée « transitionnelle » parce que conçue comme un instrument pour garantir le succès du retour à une démocratie durable, intègre de plus en plus un volet matériel de réparations pour les victimes[1]. L'histoire est toujours appréhendée par le souvenir des violences et par une situation paroxystique dont il faut sortir ou qu'il faut prévenir.

Nous voici entrés, depuis quelques années, dans une troisième phase : nous ne cherchons plus à réprimer quelques acteurs ou à réconcilier les peuples après une grave crise, mais nous prétendons *réparer* les crimes du passé, et ce indépendamment de toute situation paroxystique.

RÉPARATIONS SYMBOLIQUES, POLITIQUES ET MATÉRIELLES

Cette réparation peut prendre plusieurs formes, essentiellement trois : symbolique, matérielle ou politique. Commençons par la réparation *symbolique* qui cherche à dépasser un événement historique par un geste qui exprime le remords qu'en éprouvent les auteurs et leur engagement à ne pas le répéter. La forme la plus spectaculaire, la plus controversée aussi, en est la *repentance*, c'est-à-dire un acte public de contrition. Notre histoire récente en est pleine. Mais il existe d'autres formes de réparation symbolique, comme d'ériger des monuments à la mémoire de communautés oubliées ou des victimes d'événements tragiques.

La deuxième forme de réparation est *politique* ; elle cherche des moyens concrets et positifs pour éliminer définitivement les traces d'injustices historiques toujours présentes dans la population. Les plus célèbres sont les discriminations positives, objet de tant de débats aujourd'hui.

La troisième forme de réparation, la moins répandue dans notre pays mais beaucoup plus utilisée ailleurs, est la réparation *matérielle*, c'est-à-dire sous forme d'indemnisation. On a vu ces dix dernières années se multiplier des actions en justice réclamant des réparations financières pour les crimes de l'histoire. La plus spectaculaire fut sans conteste l'action de groupe (*class action*) intentée aux États-Unis par des associations juives américaines contre des banques suisses, qui a déclenché une série de transactions financières indemnisant les spoliations dont avaient été victimes les Juifs ainsi que les travailleurs recrutés de force en Autriche, en Allemagne et en France. Ces affaires occasionnèrent l'une des plus grosses liquidations de préjudices jamais décidées (8 milliards de dollars en tout). Même s'il ne s'agissait pas de la première affaire de ce type (il y avait eu précédemment l'indemnisation des Américains d'origine japonaise internés pendant la Seconde Guerre mondiale par l'administration Roosevelt), ces actions ont incontestablement inauguré un nouveau type de contentieux : des recours similaires furent ensuite intentés en réparation de l'esclavage mais également en réparation du traitement réservé en Australie et au Canada aux *natives*, c'est-à-dire aux primo-occupants. La SNCF s'est vue assignée, aussi bien aux États-Unis qu'en France, pour verser des dommages et intérêts aux descendants des déportés.

UNE DOUBLE NOUVEAUTÉ

La nouveauté de ces actions est double. Elles témoignent tout d'abord d'une extension du mouvement de judiciarisation. La nouvelle vague de judiciarisation de l'histoire ne mobilise plus le droit pénal, dont le ressort est la sanction, mais le droit civil qui vise la réparation d'un acte passé par la restitution d'un bien ou l'indemnisation d'un dommage. Le grand public est moins familier du droit civil (qu'il pratique pourtant assidûment mais sans le savoir) que du droit pénal, plus spectaculaire et donc plus facilement compréhensible.

Le droit international connaît depuis longtemps les réparations de guerre mais c'est beaucoup plus récemment que les mécanismes de la responsabilité civile ont été mobilisés par des parties privées contre d'autres parties privées devant des tribunaux ordinaires. Une telle intrusion du droit privé patrimonial dans le droit public et dans la politique internationale n'est pas sans poser de sérieux problèmes. Le droit privé qui, comme son nom l'indique, est confiné à la sphère des relations privées peut-il voir son domaine étendu non seulement à l'histoire mais aussi au monde et aux relations internationales ?

La seconde nouveauté, qui n'est pas la moins troublante, vient de ce que les demandes de réparation de l'histoire ne se limitent plus à la justice « transitionnelle » mais concernent de plus en plus, en dehors de toute crise, des démocraties stables, comme les États-Unis, le Canada ou l'Australie. Et pour des épisodes de leur histoire parfois très lointains, qui n'étaient pas seulement des parenthèses mais de véritables politiques d'État ; ces politiques – esclavage, spoliations des Juifs durant la Seconde Guerre mondiale, stérilisation des *natives*, occupation des terres des aborigènes – avaient la particularité d'être légales au moment où elles ont été mises en œuvre. Ce qui invite à chercher les causes profondes de ce mouvement de réparations dans l'évolution des sociétés démocratiques : la volonté d'indemniser les préjudices de l'histoire relève d'un mouvement plus vaste d'extension du droit au détriment de la politique qui a marqué la fin du XXe siècle[2].

UN DÉBAT MAL CONSTRUIT

Après avoir fasciné une génération de militants et de politiques dans la fenêtre historique comprise entre la chute du mur et le 11 Septembre, et après avoir remporté d'ailleurs de vifs succès, l'idée de justice internationale est aujourd'hui le plus souvent critiquée. Et l'on voit fleurir – notamment dans notre milieu intellectuel hexagonal[3] des essais, voire des pamphlets, qui raillent ce qu'ils qualifient de « mode » et qui en appellent à revenir à une « vraie politique », qu'ils se gardent bien de définir.

La critique adressée à ces réparations va dans trois directions. De telles réparations sont, tout d'abord, dénoncées comme un rêve ; elles ne sont tout simplement pas possibles et risquent, de surcroît, d'être infinies : jusqu'où remonter ? Celui qui se repent fait acte de faiblesse qui amène son destinataire à en demander plus… sans jamais reconnaître sa part à cette histoire. D'où une seconde critique : les réparations sont en effet toujours à sens unique. La métropole doit cesser de se penser comme l'éternelle obligée de ses colonies. Se placer dans le statut de victime, c'est-à-dire d'ayant droit, c'est s'exclure d'emblée de l'histoire à laquelle on a cependant participé, c'est refuser de mesurer sa propre responsabilité.

C'est pourquoi, troisième critique, les réparations, si elles ne sont pas mauvaises en soi, sont accusées d'être improductives politiquement ; pire, elles sont suspectées d'accélérer la division de la communauté politique qu'elles prétendent pourtant soigner. Loin de réconcilier, elles attiseraient le ressentiment et se lanceraient dans une inquiétante « concurrence des victimes[4] ».

Comme souvent, les critiques montrent les mêmes excès que le discours adverse, en l'espèce l'engouement pour les réparations. Les nouveaux pourfendeurs de la réparation dénoncent l'intrusion de la morale dans la politique mais au prix d'une radicalisation de la puissance. Ils accusent les thuriféraires de la réparation de mépriser l'histoire mais eux-mêmes se contentent de railler un phénomène qu'ils se gardent bien d'analyser ou d'en retracer l'histoire. On dénonce la judiciarisation en estimant que le procès est devenu « le drame total de la modernité[5] », en confondant les procès pénaux et les procès civils, qui posent pourtant des problèmes très différents.

Et nos souverainistes d'admirer les pays puissants qui ont refusé de se livrer à de telles parodies, à commencer par les États-Unis : « Les vainqueurs ne se repentent pas[6] » ; peut-être, mais ils paient, et ils font payer les autres. C'est en effet depuis les États-Unis que sont partis les premiers procès qui ont installé l'idée de réparer les préjudices de l'histoire. Ce sont les États-Unis qui avaient également lancé l'idée de justice pénale internationale au procès de Nuremberg. Les États-Unis sont tour à tour admirés pour leur refus de se repentir mais stigmatisés pour leurs hommes de lois et leur délire procédurier. Comment expliquer que le pays le plus souverain, l'hyperpuissance, soit aussi celui qui pratique le plus les indemnisations ?

Ces contempteurs du nouveau « masochisme occidental » sont plus souverainistes que nos souverains. « La repentance est une forme de haine de soi », affirmait Nicolas Sarkozy le soir de son élection, en rupture avec la déclaration de son prédécesseur en juillet 1995. Depuis, le discours s'est un peu brouillé, le nouveau président affirmant par la suite n'avoir

« rien à ajouter et rien à retrancher au très beau discours de Jacques Chirac[7] ».

Autant les accents de cette nouvelle contre-réforme pourchassant les puritains de l'humanitaire sont durs, voire intraitables, tant qu'il s'agit de vitupérer, autant le ton est suave, voire mièvre, lorsqu'il faut passer au chapitre des solutions. Un pamphlet contre la repentance se termine sur un appel à une société multiraciale, à une politique de l'amitié, de la coexistence entre les diverses communautés[8]. Quelle naïveté après tant de prétendue lucidité ! Il aurait mieux valu commencer par cela : comment, en effet, atteindre cette coexistence, sans passer par un moment de la reconnaissance ?

Toutes ces critiques sont nostalgiques, pis : elles ne comprennent pas ce qui leur arrive. Elles se réfèrent toujours à un âge d'or – celui de la nation et du monde westphalien – sans voir que celui-ci a subi deux chocs majeurs : le premier est celui des totalitarismes, de l'expérience du terrible qui suscite en réaction la catégorie de « crime contre l'humanité » ; le second, plus récent, vient de la mondialisation, qui est un phénomène social total. Comme mise en présence généralisée des biens, des hommes et des cultures, elle prend aussi bien la forme de contraintes externes à toutes les sociétés que celle d'un processus de fragmentation et de sécession interne à chaque société.

LE DOUBLE PARI DE CE LIVRE

Pour combattre les travers de ce débat qui nous semble à bien des égards mal construit, ce livre voudrait relever un double pari. Le premier est de prendre au sérieux ces tentatives de réparation de l'histoire. Même si leurs résultats concrets semblent bien maigres rapportés aux espoirs qu'elles ont suscités, on ne peut se contenter de les railler : même déboutées – ou chichement liquidées –, ces actions en justice n'en sont pas moins révélatrices d'un nouvel esprit de la politique à l'heure mondiale. La mobilisation politique qu'elles provoquent, l'indignation qu'elles inspirent ou les attentes qu'elles engendrent autorisent à y voir une nouvelle utopie politique, qui attend toujours que l'on rédige son manifeste. Ces actions s'appuient sur une *philosophie politique implicite* dont il faut élucider le projet et préciser les postulats, afin de les soumettre à la critique (plutôt que de se précipiter de répondre à des questions que l'on n'a pas pris le temps de poser) ; cela sera la tâche qui occupera la première partie de ce livre.

La seconde partie confrontera cette utopie à la réalité, à travers les différentes expériences de réparations des préjudices de l'histoire. Il nous faudra revenir sur les affaires relatives à la Seconde Guerre mondiale, mais pas uniquement ; il faudra inclure la colonisation, l'esclavage ou des vagues de répression politique sanglantes qui nous conduiront aux quatre coins du monde. Nous avons choisi en effet d'aborder ces demandes de réparation comme une catégorie pertinente en soi, de les traiter ensemble. Le second pari de ce livre est de chercher les réponses aux nombreuses questions que posent ces réparations en entrant dans le détail de quelques affaires plutôt qu'en restant dans le ciel des concepts.

LE DOUBLE DÉFI DE LA « MISE DU MONDE EN DETTES »

Une confirmation de nos choix de méthode nous a été très vite donnée. L'examen de ces affaires de réparation des préjudices de l'histoire n'a pas tardé à révéler qu'elles n'avaient pas seulement pour but d'apurer les comptes de l'histoire, mais que cet objectif en cachait un autre, capital et peut-être même plus essentiel que le premier : réduire le sentiment d'exil politique qu'ont engendré ces injustices historiques. Elles ne prétendent pas seulement réduire la distance dans le temps mais aussi l'éloignement dans l'espace. Toutes les affaires étudiées tournent autour d'un épisode historique qui a le plus souvent consisté, à y regarder de plus près, en un voyage infernal, en une expulsion, en une déportation ou, à l'inverse, en une intrusion sur son territoire : les victimes juives des spoliations se retrouvent éparpillées à travers le monde, les esclaves ont été arrachés à leur terre pour être déportés sur un autre continent et d'autres ont été expulsés de la terre des ancêtres par des inconnus.

Ce n'est pas même la dimension physique de la distance – spatiale ou temporelle – qui pose problème, mais sa nature *politique*. Ce qui demande à être réparé, c'est un bannissement, l'expulsion d'une communauté politique. Plutôt que la liquidation définitive du « siècle sanglant » qui vient de s'achever, ces affaires inaugurent un nouvel espoir qui voit dans la figure intemporelle de la dette un moyen de vaincre les apories politiques, la distance dans le temps aussi bien que dans l'espace. On en aura la preuve dans la facilité avec laquelle ces affaires de réparations glissent de l'histoire vers la mondialisation. Les mêmes instruments procéduraux, les mêmes argumentaires juridiques seront utilisés pour apurer les comptes de l'histoire et pour tenter de dompter les forces incontrôlables de la mondialisation. Ce n'est probablement pas un hasard si les affaires de réparation ont profondément à voir avec ces deux expériences qui ont bouleversé le modèle westphalien : la Shoah et la mondialisation. Ces affaires tentent, bien imparfaitement, de nous raconter cette mondialisation, de donner forme à ces rapports avec des lointains ou avec des proches que l'on ignorait ; par la figure intemporelle de la dette, elles donnent forme, sens et scène à ces nouveaux rapports politiques. C'est pourquoi il ne faut pas les mépriser.

Le défi que prétendent relever ces actions en réparation est donc double : le premier, affiché, est de mettre un terme à des injustices historiques ; le second, moins visible et souvent même inconnu de ceux-là mêmes qui les intentent, est de réduire politiquement le sentiment d'éloignement de la cité politique à laquelle ils appartiennent, une sorte d'exil politique qui mine la citoyenneté formelle. Ces actions prétendent donc non seulement réarticuler le passé, le présent et l'avenir, et aussi surmonter les difficultés que rencontre le lien politique dans le contexte radicalement inédit de la mondialisation.

PEUT-ON APPLIQUER LES CATÉGORIES DU DROIT CIVIL AUX RAPPORTS POLITIQUES ?

Ces défis, les actions en réparation prétendent les relever grâce à un instrument jusqu'ici jamais utilisé : la dette civile. Ce n'est certes pas la dette en tant que telle qui est nouvelle – il s'agit, au contraire, d'une des ressources les plus universelles pour réduire l'altérité –, mais c'est de recourir aux mécanismes juridiques devant des juridictions ordinaires pour en réclamer la liquidation.

On nous reproche de mépriser l'histoire ? Quel plus bel hommage pouvions-nous lui rendre que de faire l'histoire, une histoire en temps réel de cette idée assez neuve puisque les premières remontent à tout juste dix ans. Cette histoire a permis de situer la naissance de l'idée de réparations civiles de l'histoire dans un événement qui n'a cessé de tourmenter l'Occident : la Shoah ; et dans une culture, la culture libérale des États-Unis. Pour cette dernière, il est normal que les relations politiques soient justiciables des juridictions ordinaires et du droit civil plutôt que pénal ; si la liberté de chacun d'agir est garantie, c'est au prix d'une généralisation de la responsabilité qui oblige chacun à réparer les dommages qu'il cause à autrui. L'idéologie libérale qui refoule la politique trouve dans la *common law*, pour qui l'État est une partie comme une autre, les instruments techniques de son idéal.

Cette idée n'a pas germé dans quelque esprit subversif et révolutionnaire voulant prendre le droit bourgeois à son propre mot, mais elle est venue de l'action concertée des *law firms* américaines, des commissions sénatoriales américaines et de Wall Street, c'est-à-dire du cœur de l'« hyperpuissance » par les principaux acteurs de la mondialisation financière et juridique. Ces derniers ont agi à dessein, en voulant mettre les ressources juridiques et économiques de la mondialisation au service d'une plus grande justice.

La finalité n'est plus la *criminalisation de l'histoire* mais la *civilisation du monde*, dans le double sens de faire cesser la barbarie et de promouvoir le droit civil. Cette nouvelle forme de judiciarisation prétend moins écrire l'histoire pour la punir, comme précédemment, que la dépasser en l'indemnisant. Pour atteindre cet objectif, le droit civil doit s'adjoindre le secours d'un second grand système symbolique d'égalisation : la monnaie. L'indemnisation judiciaire résulte d'un mixte de droit et d'argent, qui décuple sa force. Mais cette double formalisation des rapports politiques, par le droit civil et par l'argent, va-t-elle produire l'effet de reconnaissance et de dépassement attendu ? Le droit civil réussira-t-il mieux que le droit pénal ? L'argent se montrera-t-il assez puissant pour surmonter les blocages historiques, pour défaire ce qui a été fait ?

PREMIÈRE PARTIE

Une nouvelle utopie politique

Chapitre premier

LA NAISSANCE DE L'IDÉE DE RÉPARATIONS CIVILES DE L'HISTOIRE

L'idée de réparations civiles des préjudices de l'histoire s'est affirmée à l'occasion d'un contentieux en tout point extraordinaire : les *class actions* intentées aux États-Unis par des associations juives américaines, d'abord contre des banques suisses, puis contre d'autres entreprises ou États européens. Ces actions se sont conclues par diverses transactions, pour un montant total de près de 8 milliards de dollars[1]. Le contentieux de l'Holocauste[2], même s'il ne fut pas le premier en date (il y avait eu auparavant l'indemnisation des Américains d'origine japonaise internés par Roosevelt pendant la Seconde Guerre mondiale[3]), a inauguré l'idée d'utiliser toutes les ressources du droit civil pour obtenir une réparation des préjudices de l'histoire. Les affaires de l'Holocauste inspireront des revendications identiques pour d'autres faits comme l'esclavage ou la colonisation ; son analyse nous conduira donc au cœur des promesses et des contradictions de cette nouvelle utopie contemporaine.

Dès la fin de la guerre, les organisations juives américaines et les États-Unis demandèrent que l'argent des comptes détenus par les victimes juives de l'Holocauste soit restitué à leurs ayants droit. Les banques suisses ne montrèrent guère d'empressement[4]. Sous l'impulsion du sénateur D'Amato, le Sénat américain organisa, en 1996, des auditions publiques sur les fonds en déshérence. Des menaces de sanctions économiques furent formulées par certaines autorités américaines, sous la forme de non-renouvellement des licences des banques suisses aux États-Unis, ou d'opposition à la fusion entre l'Union de banques suisses et la Société de banque suisse. Ces auditions donnèrent l'idée à des avocats de lancer une *class action* aux États-Unis contre les banques suisses, ce qui fut fait à l'automne 1996. Avant que la justice américaine ne se prononce sur sa compétence, une négociation s'engagea entre les banques suisses et les associations américaines, sous la médiation de Stuart Eizenstat, sous-secrétaire d'État au Commerce[5].

En mai 1996, l'Association suisse des banques, le Congrès juif mondial et la World Jewish Restitution Organization (WJRO) avaient chargé une commission indépendante de personnalités éminentes (ICEP), la commission Volcker, de faire toute la lumière sur les fonds en déshérence, en bénéficiant de privilèges encore jamais accordés : l'accès illimité aux archives publiques et privées, notamment celles des entreprises et des banques (et donc la levée du sacro-saint secret bancaire). La commission Volcker a établi en 1999 que sur un total de 6,858 millions de comptes ouverts entre 1933 et 1945, il ne restait trace que de 2,5 millions d'entre eux[6] et qu'il était dès lors impossible d'évaluer le montant exact des avoirs des Juifs assassinés. Parmi les 4,1 millions de comptes suspects recensés, 36 000 pourraient avoir appartenu à des victimes du nazisme.

Après d'âpres négociations, un Accord global entre les associations américaines et les banques suisses est intervenu pour un montant de 1,25 milliard de dollars. Cette somme était censée correspondre à une demande de restitution de fonds et ne constituait donc pas formellement une réparation.

Néanmoins, le juge Korman[7] et les organisations juives américaines convinrent de verser plus d'un tiers de cet argent à des réfugiés survivants refoulés à la frontière suisse ou à leurs héritiers, ainsi qu'à des travailleurs forcés du IIIe Reich (dont certains étaient employés par des filiales de sociétés suisses). Une telle utilisation contraria les autorités helvétiques tout comme les banques, qui ont toujours refusé de reconnaître toute culpabilité et d'offrir des réparations.

Parallèlement à cet accord, un Fonds de solidarité suisse fut créé en 1997, alimenté par les banques suisses, la Banque nationale suisse et quelques entreprises, pour « les rescapés de l'Holocauste dans le besoin[8] », non à titre de réparation mais pour leur venir en aide dans un souci humanitaire.

Suite à l'accord avec les banques suisses, des accords analogues furent signés avec l'Autriche, l'Allemagne (pour les victimes du travail forcé) ainsi qu'avec la France (un accord franco-américain a été signé en 2000 et dont est sortie la Commission d'indemnisation des victimes de spoliations intervenues du fait des législations antisémites en vigueur pendant l'Occupation[9]).

UNE IDÉE AMÉRICAINE

L'idée de réparer les préjudices historiques a germé dans une culture bien particulière – la culture juridique américaine – qui réunissait tous les ingrédients, techniques mais aussi politiques, pour imaginer se lancer dans une telle aventure. Il fallait non seulement disposer de la procédure de la *class action* mais pouvoir compter aussi sur l'assurance morale propre à l'Amérique. Il fallait de surcroît que la Shoah occupe la place si particulière qu'elle a dans la culture américaine[10]. Il fallait enfin le culot des juristes américains qui ne reculent devant rien. Cette même culture américaine avait déjà eu l'audace de prétendre juger au pénal les crimes nazis en imposant à ses alliés le tribunal de Nuremberg, et voici qu'elle récidive en recourant aux règles du procès, civil cette fois, pour liquider des préjudices aussi monumentaux. On ne retrouve rien de tel dans la culture juridique française, qui cantonne de manière générale le droit et la justice à la mise en œuvre d'une volonté politique souveraine (et qui, de surcroît, a tendance à privilégier le pénal).

Pour éclairer l'origine de cette idée, il faut revenir sur le tribunal de Nuremberg qui fut largement la réalisation d'une idée américaine, que Roosevelt imposa aux Alliés. Ce procès fondateur allait troubler durablement les rapports entre le droit et la politique en brouillant les catégories du système westphalien. Le procès marque – bien timidement d'ailleurs – l'entrée de l'idée de crime contre l'humanité et, à travers la justice pénale internationale, d'un certain souci moral dans les relations internationales.

Le choix de la procédure accusatoire, que maîtrisaient mal les juristes qui n'appartenaient pas à la *common law*, la mise en scène très « hollywoodienne » du procès, dénoncée par le juge néerlandais Röling au procès de Tokyo, mais qui s'applique aussi à Nuremberg, ont été fréquemment soulignés mais risquent de cacher l'essentiel : le procès de Nuremberg introduisait au niveau mondial une vision très américaine du monde et des rapports entre justice et politique.

Celle-ci se manifeste par une criminalisation de l'ennemi, évidente au procès de Nuremberg, qui traduit autant la volonté d'humilier l'ennemi que de se faire reconnaître comme le procureur naturel du bien, l'avocat autodésigné des victimes de toutes les persécutions du monde. L'Amérique se vit comme un « empire bienveillant ».

L'empreinte culturelle se signale aussi par la recherche d'une solution juridique à un événement politique aussi majeur que la Seconde Guerre mondiale : c'est l'idée de *strategic legalism*. Le droit est mis au service de la politique internationale, ce qui n'est pas surprenant dans la mentalité américaine pour laquelle le procès est une manière d'agir – et non un acte de souveraineté comme sur le Continent ; une action en justice doit permettre d'atteindre des buts délibérément politiques, ce qui n'a pas de sens pour un juriste continental pour qui l'action politique et la diplomatie bénéficient d'une certaine autonomie – et jouissent donc à ce titre d'une immunité de principe – par rapport au droit. D'où un rapport entre droit et politique très différent de la séparation très nette qui caractérise le monde westphalien.

L'imbrication du registre politique et du domaine utilitaro-moral constitue un des traits puissants de la culture américaine. « La culture politique américaine, explique Paul Kahn, n'accepte pas l'opposition cosmopolitique entre droit et politique, qui octroie au droit la raison et à la politique l'intérêt égoïste. Pour le constitutionnalisme américain, la souveraineté populaire et la *rule of law* sont un seul et même phénomène, véritablement constitutif de l'identité politique nationale[11]. »

Pour cette philosophie d'ingénierie sociale, soucieuse de performance (dans le double sens anglais de spectacle et d'efficacité), tous les problèmes, y compris la « gestion » des crimes de masse, doivent trouver des solutions efficaces, ce qui explique la judiciarisation extrême de la société américaine, sa mise en spectacle immédiate ainsi qu'une vision puritaine des mœurs. Et – autre caractéristique de l'organisation sociale américaine – des « entrepreneurs moraux », tels que les ONG ou les associations, sont appelés à jouer un rôle central dans cette moralisation par le droit. Les crimes contre l'humanité sont considérés comme des « problèmes » qu'il faut « résoudre ». C'est le cœur de l'approche *problem solving*. L'observation de multiples terrains permet d'affiner une batterie de réponses qui sera proposée pour chaque nouvelle situation.

Tout cela se retrouve en filigrane dans les actions en indemnisation des préjudices de l'histoire : il faut chercher dans les ressources juridiques des instruments pour résoudre une fois pour toutes des problèmes lourds et récurrents comme l'esclavage ou la colonisation. Et si une solution « marche » pour un pays, elle doit être appliquée à d'autres contextes tout à fait différents. Ce qui caractérise l'approche managériale, c'est précisément qu'elle procède d'un double refoulement de la politique et de la culture. On le voit à propos de la « justice transitionnelle » qui offre un même « kit » de solutions en dépit de situations historiques radicalement différentes.

Ces actions sont également marquées par une valorisation du *professionnalisme* et par un rapport à l'argent caractéristiques des pays protestants du Nord. Ceux-ci, comme la Suède, la Norvège, le Canada, ne sont pas des grandes puissances, ne traînent derrière eux aucun passé colonial et n'ont donc pas de chasse gardée à protéger comme la France et la Grande-Bretagne. Leur petite taille les condamne à un faible rôle international, et ils sont donc en dehors de l'histoire westphalienne qui concerne essentiellement les rapports entre la France, la Grande-Bretagne, l'Allemagne, l'Autriche et la Russie. D'où le trouble de la Suisse qui appartient à la même culture que les États-Unis et qui, pour cette raison, n'en a que plus mal ressenti ses attaques[12].

Pour la culture américaine, la violence peut être domestiquée par le droit, et non par une réponse politique, c'est-à-dire une division de la force en quelque sorte. Parce que pour elle, la politique, par nature, est corrompue et donc moralement dangereuse. Le règne de la raison, incarnée par la loi internationale, vise à maîtriser les nationalismes belliqueux. D'ici à prétendre se libérer de la politique tout court, il n'y a qu'un pas. S'il subsiste une politique, c'est une politique de la moralité, sinon de l'innocence, la pureté juridique répondant aux politiques de purification ethnique.

Il existe en effet dans la culture américaine un lien profond entre la liberté, la prospérité et la justice. Les États-Unis sont prospères parce que – pensent-ils – ils ont placé la justice au cœur de leur idéal. Il existe donc un lien entre le marché et la justice. L'argent est le signe d'une reconnaissance, voire d'une élection morale. Partant il devient légitime d'exercer des pressions si c'est pour rendre justice à des rescapés de la Shoah, d'exploiter la dépendance économique des pays moins puissants, si c'est pour la bonne cause. La participation au marché américain doit avoir une contrepartie. « L'incroyable prospérité de l'Amérique n'est pas arrivée par hasard : notre succès provient directement d'un engagement social et politique en faveur de la justice (*fairness*) et de la dignité (*decency*) qui trouvent leur expression dans le respect du droit (*rule of law*), c'est-à-dire un système juridique pratiquement unique qui permet à un pauvre rescapé de la Shoah d'affronter une énorme entreprise [...]. Si une entreprise étrangère veut profiter de notre prospérité, cela ne me gêne pas du tout d'exiger d'elle qu'elle accepte les règles de droit qui l'ont rendue possible[13]. »

Civil action v. *procès civil continental*

L'action civile, dans la culture américaine, n'a pas véritablement son équivalent dans le droit français : il s'agit d'une véritable action, d'un rapport de force orchestré par le droit, si l'on peut se risquer à cet oxymore. Dans la tradition continentale, les procès civils sont peu spectaculaires et tranchés par un juge au terme d'une procédure le plus souvent technique, il n'en va pas de même aux États-Unis, où le procès civil a une résonance politique beaucoup plus prononcée. L'action civile y est censée fournir un remède contre l'injustice, et la procédure de *discovery*[14] doit en principe fournir la possibilité au faible de trouver les moyens d'attaquer le puissant devant un jury de ses pairs. Ces affaires se terminent le plus souvent par des transactions qui ne se font pas en catimini, comme en Europe, mais apparaissent au contraire comme une issue digne et normale. Les procès sont souvent des événements médiatiques qui s'étalent en gros titres dans la presse, ce qui fut le cas dans le contentieux qui nous intéresse, ce qui eut pour effet de faire monter les enchères, voire de modifier la nature du litige. Si, comme l'avait remarqué Tocqueville, aux États-Unis, toute question politique se transforme tôt ou tard en contentieux juridique, la réciproque est également vraie : tout procès civil américain peut très rapidement prendre une tournure politique, ne serait-ce que par la présence du jury qui est de droit. Ce fut le cas dans le contentieux de l'Holocauste, où une question que la partie suisse aurait aimé traiter sur un plan strictement technique se convertit en un conflit politique, aux accents moraux très prononcés, qui fut réglé au plus haut niveau de représentation. Le rapport de force est d'autant plus évident que le droit n'offrait pas de solutions satisfaisantes. C'est pourquoi il fallut mobiliser d'autres forces comme l'opinion publique ou le spectre de sanctions économiques. Un tel contournement, voire un tel dépassement du droit ne sera pas sans poser de problèmes tant il brouille les frontières entre le droit, la morale, la politique.

LA DISQUALIFICATION DU DROIT

Le « contentieux de l'Holocauste » constitue une des plus grandes affaires de l'histoire judiciaire aussi bien américaine que mondiale, et l'une des plus atypiques. Il révèle un usage paradoxal des ressources judiciaires américaines : des juges sont saisis, mais des transactions seront signées avant même qu'ils aient à se prononcer sur la recevabilité de ces actions[15]. La justice est omniprésente mais reste silencieuse. Les procédures judiciaires ne valent pas tant par elles-mêmes qu'elles ne sont brandies comme des menaces. On ne disposera pratiquement jamais d'un argumentaire juridique détaillé ni d'un débat technique sur les mérites des demandes de chacun. La première affaire des banques suisses – désastreuse pour ces dernières – met tous les autres pays européens (Autriche, Allemagne, France) sous pression. La justice s'accomplit plus par ses effets d'annonce que par ses énoncés. La seule perspective d'une décision pousse à conclure des accords qui puisent leur force exécutoire dans la puissance du marché américain et dans la crainte de l'impopularité. Ces affaires reflètent donc la position de force aussi bien de la culture que de la politique des États-Unis.

Summum jus, summa injuria[16]

Une des caractéristiques du crime contre l'humanité est d'être la plupart du temps commis non contre la loi, mais avec l'assentiment de la loi, ce qui a pour conséquence de disqualifier durablement le droit, notamment lorsqu'il s'agit de juger ces faits. Ces affaires montrent le décalage, les désaccords entre le droit positif et l'idée de justice. Non seulement le droit n'est pas appliqué mais il semble même incongru d'en réclamer l'application « formelle ». C'est ainsi que les banques suisses n'ont pas voulu opposer la prescription comme fin de non-recevoir aux actions des associations américaines, sachant fort bien que cela ne serait pas audible dans l'esprit du public ; les crimes contre l'humanité sont en effet imprescriptibles et la prescription est moins fréquente en *common law* qu'en droit continental.

Une affaire émut beaucoup l'opinion publique : lorsque Estelle Sapir, fille d'une victime de l'Holocauste, réclama à une banque suisse l'argent que son père avait laissé pour elle, l'établissement exigea qu'elle produise l'acte de décès[17]. C'était une provocation lorsque l'on sait que précisément le crime lui-même a été d'anéantir des millions de personnes sans même un acte de décès. L'absence d'acte de décès symbolise à lui seul le crime contre l'humanité, qui est non seulement un crime mais aussi la négation de ce crime, qui donne la mort tout en niant la mort, qui dénie toute inscription dans le monde, aussi bien dans le monde des vivants et que dans le monde des morts. Dans le même esprit, le gouvernement français pria instamment les compagnies d'assurances de ne soulever aucune objection juridique aux demandes formulées.

Toute exigence juridique, tout formalisme prend rapidement un caractère déplacé, voire scandaleux comme dans le cas de la banque suisse. Comment expliquer donc que les formes juridiques signifient tout à coup le contraire d'elles-mêmes ? Elles ne sont plus des garanties mais des prétextes à l'injustice : comme si la loi continuait dans ces affaires de perpétuer l'injustice. Les partisans des *class actions* se justifiaient en avançant, à juste titre, que si des actions similaires avaient été intentées devant les juridictions helvétiques, françaises ou allemandes, elles n'auraient pas prospéré. Il est certain que l'indemnisation de l'Holocauste n'aurait pu avoir lieu si l'on était resté dans le strict cadre du droit allemand ou du droit helvétique.

Le cas de la France fait exception dans ce contentieux de l'Holocauste. Tout d'abord parce qu'à la différence des autres situations suisse, allemande, autrichienne ou néerlandaise, il n'a pas été possible aux avocats américains de négocier une enveloppe globale avec le gouvernement. Les raisons en sont multiples, mais signalons que le processus d'indemnisation avait débuté avant 1996 suite au discours de Jacques Chirac, avec la commission Mattéoli (instituée le 25 mars 1997, dont le fonctionnement a néanmoins été accéléré par les démêlés des banques suisses avec les associations américaines). Le rôle de la communauté juive française a, semble-t-il, été déterminant[18].

À l'instigation de la commission Mattéoli, la Fédération française des sociétés d'assurances mettait en place en mai 1998 un comité chargé de coordonner les différentes compagnies existant en 1945 ou leur ayant succédé. L'analyse des dossiers révélait rapidement que les spoliations seraient très limitées pour des raisons techniques : la loi permettait d'exclure les risques de guerre de leurs garanties, or une grande part des dommages subis par les Juifs spoliés y étaient liés ; la clandestinité et la dépossession des comptes bancaires empêchaient les Juifs de régler leurs primes (des indemnités ont, de surcroît, souvent été versées sur des comptes bloqués). S'agissant des contrats d'assurance-vie, dont le nombre était dix fois moins élevé qu'aujourd'hui, les spoliations étaient limitées (du fait, entre autres, que les contrats n'ont pas été saisis, à la différence de ce qui s'est passé en Allemagne ou aux Pays-Bas, et que la loi française oblige à verser au Trésor public les bons de capitalisation non réclamés trente ans après leur échéance).

Le groupe de travail a estimé entre 160 et 400 le nombre de contrats d'assurance-vie en déshérence pour un montant compris entre 5 et 10 millions de francs 1945. Le montant des capitaux correspondant aux contrats en déshérence fut estimé à 6 millions de francs 1945[19] (soit 7 millions de francs 2000). Les entreprises d'assurances s'engagèrent finalement à verser une contribution de 70 millions de francs à la Fondation pour la mémoire de la Shoah. À ce jour, sur les

22 000 requêtes individuelles enregistrées par la CIVS, seules 207 concernaient des contrats d'assurances qui donnèrent lieu à une quinzaine d'indemnisations[20].

Gilles Wolkowitsch remarque que la solution aurait été probablement différente si les tribunaux avaient eu à connaître de ces dossiers selon la procédure ordinaire. Ces indemnisations contournent les voies juridictionnelles normales, c'est-à-dire le droit. On trouve un correspondant identique dans la commission Vérité et Réconciliation qui se construit *au-delà* du droit plutôt que *contre* le droit.

Ce processus d'indemnisation présente des caractéristiques communes à beaucoup d'autres affaires d'indemnisation. On retrouve une solidarité de groupe – les assureurs doivent, en tant qu'assureurs, assumer les erreurs imputables à des prédécesseurs avec lesquels ils n'ont rien à voir. Les représentants de l'État leur ont demandé de renoncer expressément à faire valoir la prescription, comme si le temps avait perdu sa valeur ordinaire et que le rapport au temps s'en trouvait modifié. On n'est plus dans des rapports ordinaires de droit privé mais bien dans des rapports de droit public. Le rôle de l'État est cependant occulté : la société civile règle ses comptes (au propre et au figuré) entre soi.

Autre point commun : l'abandon de tout souci d'une équivalence juste entre l'indemnisation et l'estimation du préjudice. Celle-ci est vite perdue de vue dans le cas des affaires entre les associations juives et les banques suisses. Il est tout aussi difficile de trouver ce lien avec le préjudice financier dans le versement que la Fédération française des sociétés d'assurances (FFSA) fera à la Fondation pour la mémoire de la Shoah. Cette dernière somme ne doit-elle pas s'analyser comme « don sollicité » (si ce n'est pas une contradiction dans les termes) plutôt que comme une véritable indemnisation ? Les assureurs ont compris que dans l'opinion publique contemporaine toute argumentation juridique trop rigoureuse, toute comptabilité trop pointilleuse aurait été mal perçue. Tout se passe comme si l'invocation de la protection du droit était tout simplement incongrue dans ces dossiers.

Ces affaires sont le fruit d'un travail dans lequel est intervenue toute une chaîne d'entrepreneurs normatifs : le Congrès juif mondial (CJM), le Centre Simon-Wiesenthal, puis les politiques en la personne du sénateur D'Amato, puis les avocats qui engagent eux-mêmes des historiens pour alimenter leurs dossiers, puis le gouvernement américain, et enfin les juges.

L'affaire a commencé sur des bases politiques : les auditions sénatoriales sous la présidence de D'Amato qui réveillèrent les appétits procéduriers des avocats[21]. La commission Volcker perdit la maîtrise de l'affaire lorsqu'un groupe d'avocats spécialisés en *class actions* eut vent de ces auditions et s'empara de l'affaire. Dorénavant ce ne seraient plus vraiment des personnalités comme Bronfman, ni la commission Volcker qui mèneraient la barque, mais les avocats et leurs plaintes[22]. Les plaignants semblent avoir une place beaucoup moins grande que leurs avocats, comparée à d'autres procès comme le procès Papon. Ce sont les avocats qui ont révélé le scandale des comptes en déshérence. C'est en effet une pratique courante aux États-Unis que des avocats s'emparent d'une affaire pour lancer une *class action*. Les *class actions* ne peuvent être engagées que par des personnes physiques qui furent dans ce cas largement soutenues par les associations juives. Les avocats jouent, dans les *class actions*, le rôle de *private attorney general*, c'est-à-dire de procureurs privés. Les *class actions* étaient largement inconnues, notamment des banquiers suisses. C'est peut-être pourquoi les avocats américains donnent, dans ces affaires, à leurs adversaires suisses l'impression persistante qu'ils se sont intronisés eux-mêmes non seulement les représentants des victimes mais plus encore les procureurs autodésignés des crimes commis par la Confédération pendant la Seconde Guerre mondiale.

Procureurs d'autant plus difficiles à contrer que ce ne sont pas les juridictions qui arbitrent *in fine* les litiges, mais le spectre de leur intervention, et plus exactement l'anticipation de leur effet médiatique. Par la suite, les avocats ne cessent de hâter les négociations, d'interférer et de compliquer le processus en ayant entre leurs mains la possibilité d'arrêter ou de relancer les procès[23]. Un tel comportement perturba beaucoup les défendeurs suisses, parce que s'il est possible de négocier *in the shadow of the law*[24], c'est-à-dire en anticipant ce que dira la justice pour des affaires ordinaires dans un système de droit donné, c'est beaucoup moins aisé lorsqu'il s'agit d'affaires historiques de telle ampleur qui se situent de surcroît au niveau international. Rien ne dit ce qu'auraient décidé les juges, ni même s'ils se seraient déclarés compétents. Pourtant un juge fédéral, le juge Korman, va se montrer très actif dans cette affaire mais en dehors de sa fonction juridictionnelle. À l'instar de tous les juges américains, il a une identité beaucoup plus politique que ses collègues européens[25] ; il décide de ne pas se prononcer trop tôt sur la recevabilité de la *class action*, ni sur sa certification[26], pour laisser du temps au temps : il indique néanmoins, comme un préteur romain, dans quel sens peuvent aller ses décisions[27]. Il s'agit là d'une attitude assez commune de la part d'un juge fédéral.

Peut-être les juges se comportent-ils différemment lorsqu'il s'agit d'une affaire interne et lorsqu'il s'agit d'une affaire impliquant des pays étrangers[28]. Les juges américains, et notamment le juge Korman, donnent l'impression de « faire équipe » avec leurs gouvernants et les avocats de leur pays dans ces affaires. C'est ainsi que Stuart Eizenstat fit passer un contrat de procédure avec les parties en cause et demanda que cet accord soit enregistré et signé par le juge qui s'en ferait le garant[29].

Une justice par tous les moyens

La stratégie juridique des banques suisses paraît très cohérente vue d'Europe : elles voulaient tout d'abord obtenir le rejet des plaintes devant les tribunaux au motif que ces requêtes soulevaient des questions politiques du ressort des gouvernements et non de la justice. Si le procès devait avoir lieu, cela serait en Suisse et pas aux États-Unis. Après quoi, les banques négocieraient car elles avaient bien conscience qu'une victoire devant leurs tribunaux pouvait leur économiser de l'argent à court terme, mais ne suffirait certainement pas à apaiser l'opinion publique, ni à convaincre les financiers internationaux.

En d'autres termes, les autorités suisses voulaient gagner la bataille judiciaire avec des armes juridiques avant de se retourner vers le terrain diplomatique, c'est-à-dire de se lancer dans une négociation de gouvernement à gouvernement où elles auraient transigé peut-être pour un montant équivalent, mais en dehors de la pression des procès judiciaires aux États-Unis. Cette stratégie échoua : les Suisses ne purent à aucun moment se placer ni sur le terrain du droit ni sur celui de la diplomatie. Et ils perdirent sur les deux tableaux, contraints d'accepter une transaction qui ne leur semblait pas fondée juridiquement, et qu'ils n'avaient pu négocier politiquement. Les banques et les gouvernements mis en cause ont dû réagir sous une triple pression : du marché américain tout d'abord, du gouvernement des États-Unis ensuite et de l'opinion publique enfin, les trois formant un système.

Toutes les négociations se sont déroulées sur un fond de chantage commercial. On a pu mesurer, tout au long de cette affaire, le poids du marché américain qui avait les moyens d'empêcher par exemple la fusion de deux banques suisses, ce qui est très dissuasif sur le plan commercial. Les Allemands ont rapidement pris conscience que, même s'ils gagnaient devant les tribunaux, ils pourraient perdre aux yeux de l'opinion publique du plus grand marché du monde. C'est pourquoi ils ont souhaité se débarrasser de plaintes aussi rapidement et aussi économiquement que possible pour ne pas entraver leur capacité commerciale aux États-Unis[30].

Aux menaces de boycott s'ajoutaient les pressions politiques. La figure même de Stuart Eizenstat en est le meilleur exemple : il se pose en médiateur, mais il est très largement partie prenante en tant que Juif très engagé dans la défense de la mémoire, comme en témoigne son livre. Il est à la fois un avocat et un homme politique et ne cesse de jouer sur les deux tableaux d'arbitre et de représentant du gouvernement américain, en faisant intervenir le président Clinton lorsque c'est nécessaire. Eizenstat put bénéficier de documents déclassifiés émanant des services secrets[31].

Pourquoi les banques suisses ont-elles plié ? Parce que avant même de pouvoir plaider devant un juge, elles avaient perdu leur procès devant l'opinion publique. Pas leur propre opinion publique (le référendum le prouvera) mais l'opinion publique de leurs clients qui sont mondiaux ; qui peuvent d'ailleurs se trouver décalées : par exemple, la retransmission des audiences de D'Amato eut un très grand retentissement auprès de l'opinion suisse alors qu'elle n'en avait aucun aux États-Unis. Ces images étaient supposées susciter des réactions communes en Suisse et aux États-Unis, ce qui n'était pas le cas[32]. Dans toutes les affaires identiques avec d'autres pays européens, aucune entreprise ne voulait voir son nom associé au nazisme, ni ne voulait être soupçonnée d'avoir profité du malheur des Juifs. Le recours au *shaming* fut le principal levier qu'ont utilisé les demandeurs américains.

C'est donc moins la force juridique des plaintes civiles qui triompha, que leur capacité à faire du bruit et à mobiliser l'opinion : en l'espèce, ces demandes reposaient sur des bases légales fragiles, de l'aveu même de Stuart Eizenstat, « aussi fragiles que celles qui m'ont amené à jouer les médiateurs[33] », avouera-t-il. Mais peu importe puisqu'elles seront arbitrées *in fine* par l'opinion publique plutôt que par les tribunaux. Ces affaires montrent à quel point les instances de régulation traditionnelles sont dessaisies, sidérées, court-circuitées par les ressorts d'un autre type de démocratie : la démocratie d'opinion.

Ces trois types de contraintes – politique, commerciale et « réputationnelle » – ont pour point commun de n'être pas organisées, ni même diffuses[34] : elles dessinent le cadre d'une action internationale à l'heure de la mondialisation. Il n'est plus possible de se calfeutrer dans son ordre juridique national. Le droit semble résulter désormais d'un précipité entre une instance judiciaire très ouverte, des avocats puissants et une réactivité très grande de l'opinion.

IMPÉRIALISME MORAL OU PREMIER PAS VERS UNE JUSTICE UNIVERSELLE ?

Le contentieux de l'Holocauste, qui contribua puissamment à installer l'idée même de réparation civile des préjudices de l'histoire, s'est conclu par une série d'accords intergouvernementaux. Les négociations se sont déroulées selon les canons de la culture juridique et politique américaine, qui demeurait étrangère aux défendeurs, et qui a été délibérément utilisée par le gouvernement américain pour déstabiliser leurs partenaires à la transaction.

La lex americana

Les *class actions* sont représentatives de la culture juridique et politique américaine : « Le concept d'une grande plainte collective à l'américaine, reconnaît Stuart Eizenstat, le chef de l'équipe américaine, déposée par une organisation représentant des dizaines de milliers de personnes, qui peuvent tout ignorer de l'affaire présentée en leur nom, est étranger aux Suisses. Ces derniers ne sont pas non plus familiers des accords entre les parties, et encore moins d'un certain type de justice sommaire fondée sur un droit moral qui peut aller à l'encontre d'une jurisprudence indiscutable[35]. » Pour la culture politique américaine en effet, c'est de l'affrontement des intérêts que découlent les décisions politiques. Les *class actions* intentées par les associations juives américaines ont ainsi été le théâtre d'« une lutte politique titanesque, brouillonne, parfois indécente et toujours frustrante[36] », si caractéristique du mélange, typiquement américain, du sentiment un peu naïf de faire le bien et d'une certaine agressivité.

Les zélateurs de ces actions parlent avec enthousiasme d'une nouvelle *lex americana*[37], sans être toujours conscients des difficultés qu'implique l'exportation d'une culture spécifique. Stuart Eizenstat a, lui, bien conscience de la fragilité de la position américaine consistant à intervenir « sur une question qui concerne la Seconde Guerre mondiale et aurait normalement dû être par essence un problème de politique intérieure : le droit de propriété[38] ». D'autant que ces actions de droit privé reviennent sur les engagements pris par l'Amérique quarante ans auparavant[39].

Un usage vertueux de la puissance ?

Que ce conflit culturel se tranche en faveur de la culture américaine, qui est la plus atypique, ne cause pas d'états d'âme aux Américains. Ils n'ont aucun scrupule à mettre à mal, par leur puissance économique et l'exportation brutale de leur mythe national, la souveraineté juridique suisse, car ils ont le sentiment de le faire pour la bonne cause.

Dans ces affaires, les États-Unis se posent comme *the last resort*, c'est-à-dire comme le dernier espoir pour faire « capituler les institutions vénérables qui, depuis un demi-siècle, derrière une façade de respectabilité et de neutralité, faisaient tranquillement fructifier leurs produits illicites[40] ». Ils s'enorgueillissent que leurs citoyens puissent s'adresser aux tribunaux pour une multitude de préjudices qui, dans d'autres sociétés, trouvent une solution en dehors du système judiciaire. D'ailleurs le pouvoir politique n'a pas le pouvoir d'empêcher la constitution d'une *class action* : il est vis-à-vis de la justice comme vis-à-vis de la presse. On le constatera au moment de clore ces affaires : l'administration américaine était dans l'incapacité de garantir la « paix judiciaire », c'est-à-dire de s'engager à ce qu'il n'y ait pas d'actions ultérieures. Il y a quelque chose de paradoxal, voire de fou dans un tel système qui n'est maîtrisable par personne, ce que reconnaît Eizenstat, qui regrette de n'avoir pu constituer un groupe de négociation cohérent et déplore l'excès des *class actions* aux États-Unis[41], mais qu'y peut-il ?

Les États-Unis sont donc fiers de l'ouverture de leurs tribunaux pour les citoyens américains ; sauf qu'il ne s'agissait pas, en l'occurrence, de leurs citoyens puisque les rescapés se trouvent éparpillés à travers le monde, et ne sont pas principalement aux États-Unis. Les avocats s'approprient, avec la bénédiction du pouvoir politique, le monopole de la représentation de tous les persécutés de la terre.

L'affaire des banques suisses se termine pourtant sur un paradoxe. Celui-là même qui a présidé aux négociations et n'a pas compté sa peine pour les faire aboutir, Stuart Eizenstat, constate que le système judiciaire américain n'est pas adapté pour remplir ce genre d'accord et moins encore pour en gérer les conséquences.

L'épreuve de l'universalisation

Le vice qui affecte ce contentieux de l'Holocauste – et qui ternit ses succès – est donc son rapport à la puissance, en l'occurrence à l'Amérique. Mais pourquoi faire la fine bouche si un résultat conforme à la justice a été atteint ? Cette idée d'indemniser les préjudices de l'histoire – comme la justice pénale internationale d'ailleurs – a une histoire, une culture et une langue : comment pourrait-il en être autrement ? Il fallait se jeter à l'eau et ce sont les associations juives américaines qui l'ont fait avec l'appui de leur gouvernement, qu'y a-t-il à redire ? Il n'est pas possible en effet d'atteindre directement à l'universel et la justice doit emprunter des voies particulières.

Mais la question se déplace alors : ce particularisme américain n'est acceptable que s'il ouvre la voie de son effacement, voire de sa contestation. Il s'agit moins de dénoncer l'impérialisme moral, le néocolonialisme judiciaire que de savoir si les États-Unis se soumettent à leur tour à la référence qu'ils ont consacrée, auquel cas ils pourraient prétendre exercer une fonction tierce. Le test semble être celui de la *réciprocité* : les États-Unis acceptent-ils que d'autres tribunaux jugent les États-Unis ? Les États-Unis se soumettent-ils aux règles qu'ils préconisent ?

En ce qui concerne précisément les indemnisations, force est de reconnaître qu'il y a eu deux poids, deux mesures. Les fières promesses d'Eizenstat annonçant US Chamber of Commerce Holocaust Fund furent sans lendemain. Tout comme le fut The US Holocaust Commission Fund présidée par Bronfman. Et Bazyler de reconnaître que « les exigences que nous avons adressées aux gouvernements et aux entreprises européennes pour qu'ils se confrontent honnêtement à leur passé et qu'ils documentent leurs activités financières pendant la guerre, n'ont pas eu leur correspondant aux États-Unis[42] ». L'Amérique ne s'est pas appliqué à elle-même ce qu'elle a recommandé aux autres, comme dans d'autres domaines (les États-Unis n'ont pas signé ni ratifié la plupart des traités internationaux et l'on sait avec quelle difficulté certaines décisions de la Cour suprême ont cité une jurisprudence étrangère).

Appartenant à cette culture, les Américains s'aveuglent sur leurs particularismes culturels qu'ils prennent volontiers pour le degré le plus achevé de la liberté et de la civilisation. Les *class actions* projettent sur le monde entier une croyance typiquement américaine : un surinvestissement de la procédure judiciaire, notamment civile, le procès se posant comme une forme de *self-government*. Le procès permet à la société américaine de surmonter ses crises, de se mettre en scène, de trouver une réflexivité en se passant de pouvoir central. Il devient une véritable instance politique[43] qui est le point d'aboutissement de l'autonomie de la société civile et de l'individu. À un tel point que les succès obtenus par les procès civils entretiennent les Américains dans l'idée qu'il est possible d'assurer une régulation sociale sans avoir à recourir à l'État.

Les Américains ne semblent pas se rendre comptent que lorsqu'ils prétendent être universalistes, ils sont en même temps nationalistes, leur pays incarnant la plus grande puissance du monde mais aussi celle qui accorde à la justice et au droit la part la plus importante. De cette culture dans laquelle ils baignent, ils ne veulent voir que la face judiciaire, et aiment à penser qu'elle règne sans partage. Jusqu'à perdre de vue la nécessité d'un État pour garantir ce droit. Ils n'aperçoivent plus l'amour de l'État, ils ne retiennent que celui de la justice. Cela fait partie de l'innocence américaine.

LE GLISSEMENT DE LA RESTITUTION À LA RÉPARATION

Le montant de 1,25 milliard de dollars arrêté par l'Accord global mit fin à une demande de *restitution* de fonds et non pas, formellement, de réparations. Cependant, le juge Korman de Brooklyn et les organisations juives américaines décidèrent de verser plus d'un tiers de cette somme à des survivants qui avaient été refoulés à la frontière suisse ou à leurs héritiers, ainsi qu'à des travailleurs forcés du IIIe Reich. Une telle utilisation de l'argent changerait la nature de la transaction qui, de restitution de biens indûment gardés, prenait valeur de réparations. Qui dit réparation dit faute de la part des Suisses et non plus seulement négligence coupable. Cette utilisation et la signification qu'elle induisait, ne convinrent pas du tout aux signataires suisses, qui avaient toujours refusé de reconnaître toute culpabilité et d'offrir des réparations. En passant de la restitution à la réparation, on glissait subrepticement de la responsabilité pour négligence ou faute légère, voire sans faute, à une responsabilité quasi délictuelle voire criminelle. Si à l'origine, l'affaire des fonds en déshérence n'était pas une affaire de réparations, elle le devenait contre l'accord formel d'une des parties.

En s'émancipant du droit technique – dont l'application dans le cas des banques suisses comme dans celui des compagnies d'assurances françaises aurait été particulièrement frustrante – ces actions américaines opèrent un glissement : elles passent insensiblement de la réclamation de son dû, fondé sur les règles de droit existantes et ne sollicitant aucune dérogation – son dû, rien que son dû –, à une demande de *réparation*. Le fondement de la justice n'est plus la restitution de son bien, assortie de dommages et intérêts, mais procède d'une tout autre idée : celle de réparer, c'est-à-dire de faire cesser une situation injuste par l'allocation d'un équivalent monétaire supposé la compenser. L'objectif est plus ambitieux mais aussi plus aléatoire. Il faudra accepter de s'en remettre à une appréciation plus globale, nécessairement imprécise puisque ne pouvant s'appuyer sur la technicité et la précision des règles juridiques, et donc plus facilement suspecte d'arbitraire. La difficulté n'est pas propre à la réparation des préjudices de l'histoire mais à l'idée même de réparation. On la retrouve dans des termes identiques dans la justice ordinaire. Combien vaut une vie injustement supprimée, par un accident de la circulation par exemple ? Le prix de la vie d'un homme est une question aussi vieille que l'apparition de la monnaie[44]. Cette évaluation de la vie est au cœur du système de la vengeance[45], et plus généralement de la réparation.

On voit aisément ce qui sépare l'évaluation du prix d'une vie injustement ôtée, de la restitution d'un compte bancaire avec intérêts ; dans un cas, la contestation porte sur une somme qui est déjà chiffrée, dans une relation contractuelle bien balisée par le droit : la justice doit affecter cette somme à un autre patrimoine. Dans l'autre cas, lorsqu'il s'agit d'évaluer une vie, la justice ne peut attendre de secours ni des pratiques bancaires, ni même du droit contractuel : elle doit se risquer à une appréciation nécessairement arbitraire puisque la vie est par définition incommensurable et que la mort est irréversible. Ce qui ne sera pas sans répercussions sur la perception de la justice elle-même, dont les contours seront plus flous au fur et à mesure que l'on s'éloigne des formes juridiques. En s'attaquant à un objectif aussi ambitieux, le projet de réparation gagne en généralité ce qu'il perd en précision juridique. L'idée de réparation s'éloigne du droit et se rapproche de la politique.

Tous les problèmes que posent les réparations par la justice civile des préjudices de l'histoire procèdent d'un paradoxe : l'administration de la justice qui doit appliquer le droit se voit confier une mission qui excède les capacités du droit, au risque de rendre les fictions juridiques encore plus artificielles et d'exacerber les contradictions de l'institution judiciaire. Comment le surmonter ? Il n'est pas possible de s'en rapporter à une stricte application du droit qui aboutirait, en l'espèce, à un résultat scandaleux. Mais s'émanciper du droit positif est une démarche périlleuse, pleine de pièges qui seront analysés en seconde partie[46], et qui pèseront sur les réparations des préjudices historiques. Cette tension entre un droit invoqué mais immédiatement dépassé, entre une justice convoquée pour remplir une mission qui excède ses compétences, constitue le nœud problématique du projet de réparation judiciaire de l'histoire qui, finalement, ne pourra être dénoué que par la politique[47].

Cette disqualification du droit renvoie plus généralement à la faillite du positivisme juridique. Nulle part, cette faillite n'est apparue plus clairement qu'à propos du droit du IIIe Reich. Le droit nazi imposait des obligations manifestement contraires au droit naturel ; son illégitimité est aujourd'hui facilement démontrable et il se disqualifie lui-même en quelque sorte. Ici, ce n'est pas le droit nazi qui est en cause mais l'application régulière du droit bancaire suisse ou du droit des assurances français à des situations extraordinaires. Ces droits ne sont d'ailleurs pas critiqués en soi mais leur application à de tels faits justifie aux yeux de certains simplement leur *suspension*.

Un droit d'exception inversé

Ces actions revendiquent l'application d'un *droit d'exception inversé,* qui prendrait les mêmes libertés à l'égard du droit positif que le droit d'exception, mais dans un but contraire : non pas pour s'éloigner du fonctionnement normal des institutions mais pour y revenir, au contraire[48]. Car les crimes de masse, l'esclavage ou la colonisation, ont ceci de commun d'avoir été commis non seulement dans le cadre légal mais avec le soutien actif de la justice. Ces actions peuvent donc légitimement revendiquer un certain assouplissement des formes juridiques. Ce faisant elles mettent à mal l'ordonnancement positiviste auquel s'adossait le système westphalien[49]. Pour le positivisme juridique, le droit était la mise en forme d'une volonté politique. Son double caractère formel et rationnel[50] permettait de le distinguer à la fois de la morale, qui relevait de la religion ou de la conviction privée, et de la politique. Ces affaires consacrent – et accélèrent en même temps – la fin du positivisme juridique et d'un certain formalisme. On en verra un exemple achevé dans la jurisprudence canadienne qui doit prendre en compte les coutumes indiennes[51].

La question se déplace alors du droit vers ces faits eux-mêmes : au nom de quoi peut-on réclamer de suspendre le droit ordinaire ? Il faut chercher la réponse non pas dans le droit lui-même mais bien dans la politique, dans l'émergence d'une nouvelle *autorité* qui, placée au-delà du pouvoir politique, justifie une telle dérogation. Tentons de cerner les contours de cette notion supérieure de justice au nom de laquelle on peut se libérer des formes juridiques.

UNE NOUVELLE AUTORITÉ

Il est facile de critiquer ces actions – certains l'ont fait violemment[52] – mais cela ne fait que contourner la difficulté sans la résoudre : l'injustice était là et le droit n'était pas au rendez-vous pour y apporter remède. Le contentieux de l'Holocauste est animé par le contraste entre l'extrême fragilité de ses fondements juridiques et son extrême légitimité morale. Le droit a été effectivement dépassé dans ces affaires, on a forcé sa porte ; il n'y a pas eu effraction ni violence mais plutôt une correction (comme on « administre une leçon ») qui, quand bien même elle fut un peu brutale, fut néanmoins salutaire. Un parallèle pourrait être dressé avec le dépassement du droit lors des commissions Vérité et Réconciliation en Afrique du Sud[53]. Peut-être parce que le droit y fut aussi confronté à une notion supérieure de justice, à un changement de référence, à une nouvelle autorité.

Cette autorité a beaucoup à voir avec la déposition de l'ancienne autorité, c'est-à-dire celle du souverain qui peut désormais être traîné devant les juridictions pénales et qui se voit poursuivi au civil par ses créanciers. C'est d'ailleurs sous sa formulation négative que cette référence s'énoncera : comme fin de l'impunité. Il est vain de vouloir dresser le tableau des différents textes internationaux ou nationaux permettant de poursuivre des crimes contre l'humanité, et encore moins de se les représenter sous la figure d'un système. La justice pénale internationale se présente à nous comme une *idée*, qui peut être actualisée de multiples manières mais qui puise sa force, de près ou de loin, au trauma fondateur de la Shoah[54].

Une force instituante

Ces actions s'adressent à des juridictions nationales qu'elles mondialisent de la sorte. Le droit est sorti de son contexte national : les plus pessimistes diront qu'il est instrumentalisé, les autres qu'il est mondialisé, tant ces actions le poussent en dehors de lui-même. Rien de tout cela n'aurait été possible sans référence à une autorité morale négative – le refus du crime contre l'humanité – qui est au cœur de la réorganisation des rapports entre le droit et le pouvoir. Cette nouvelle autorité explique la déformalisation du droit qui ne serait pas concevable sans elle : les formes paraissent bien faibles par rapport à la finalité poursuivie ; le raisonnement téléologique prend sa revanche sur le déontologique, c'est-à-dire sur le procédural[55].

Justice fut donc rendue par des moyens extra-juridiques, mais peut-on s'arrêter à ce constat ? Les différents leviers utilisés par les avocats ne furent efficaces que parce qu'ils entraînaient des conséquences économiques immédiates et que les parties mises en cause ne voulaient pas aller devant le tribunal de l'opinion. Où siège ce tribunal et quels en sont les juges, répliquera-t-on ? Peut-on se satisfaire d'une simple mesure, d'une vision médiamétrique de l'opinion ? Celle-ci est également porteuse d'une sensibilité, d'une perception de l'histoire qui a une grande valeur parce que c'est en elle qu'on va pouvoir localiser le siège d'une force instituante.

Le traumatisme qu'a constitué la Shoah s'est progressivement transformé en une véritable *force instituante* qui a reconfiguré l'idée même de justice. L'idée de justice pénale internationale, inaugurée par le tribunal de Nuremberg, a inspiré ensuite la création des tribunaux pénaux internationaux *ad hoc* pour l'ex-Yougoslavie et pour le Rwanda ; et puis, plus récemment, la Cour pénale internationale. Elle continue de s'affirmer sous une autre forme dans les affaires civiles d'indemnisation de l'Holocauste qui présentent les mêmes imperfections et la même audace que le tribunal de Nuremberg.

On mesure à quel point la Seconde Guerre mondiale et la destruction des Juifs d'Europe ont introduit une rupture dans l'histoire, qui se confirme d'année en année au fur et mesure que l'on s'éloigne de cette période. Ces événements font éclore un nouveau vocabulaire politique en même temps qu'ils suscitent une mine de précédents dans lesquels vont puiser les actions en indemnisation. Les idées circulent, les expériences s'échangent. Les différents pays profitent de la technologie judiciaire des autres : l'exemple du Canada inspire la Nouvelle-Zélande, l'Australie, etc.

L'inspiration d'actions futures

En s'aventurant dans l'histoire, en quittant la stricte compétence nationale, en prétendant trouver une mesure à l'incommensurable, le contentieux de l'Holocauste a engendré une nouvelle catégorie d'actions civiles internationales. Ces actions ont inventé leurs propres ressources à partir du droit, elles les ont bricolées et, ce faisant, elles ont ouvert la voie. Ces affaires ont ouvert un espace pour l'action qui va ensuite être repris dans d'autres domaines : « J'aimerais penser que nous avons contribué à établir la notion de responsabilité civile pour les violations de droits de l'homme, mais nous n'avons pas vraiment créé de précédent légal[56]. » C'est aussi l'avis de Michael Bazyler qui voit dans ces affaires en général, mais plus particulièrement dans l'accord avec les banques suisses, un précédent qui va servir de patron ensuite pour de multiples autres affaires. Lui aussi promet à ces affaires un grand héritage. « Et, conclut-il, si les survivants peuvent n'avoir gagné que très peu de ces affaires, tout le monde y a gagné beaucoup[57] ! »

Ces affaires, avec toutes leurs imperfections, permettent de transcender la singularité du moment historique de leur émergence ; par leur audace et leur imagination, elles ont créé une « matrice symbolique[58] », c'est-à-dire une ressource pour des actions ultérieures. Les actions en indemnisation de l'esclavage ou de la colonisation reprennent la légitimité ainsi créée et désubstantialisent l'événement fondateur pour ouvrir la voie à de multiples actions du même type. En opérant une lente dépossession de cet événement originaire, toutes les affaires réunies dans ce livre, bien que relatives à des événements historiques très différents et relevant de divers ordres juridiques, jettent les bases d'une véritable institution juridique[59].

Chapitre 2

L'ESPOIR D'UN DÉPASSEMENT DE L'HISTOIRE

Les actions en indemnisation de préjudices historiques ne soulèvent pas les mêmes difficultés que les procès pénaux pour crimes contre l'humanité. Dans ces derniers, on l'a suffisamment dénoncé, il est demandé aux juges d'écrire l'histoire à partir de catégories aussi générales et aussi controversées que celles de crime contre l'humanité ou de génocide[1] ; dans les affaires d'indemnisation, le juge ne doit plus se faire historien mais comptable. Si, sous l'effet de la judiciarisation qui imprègne notre regard sur l'histoire, personne ne songe à contester aujourd'hui que l'esclavage est un crime – le législateur français l'a qualifié ainsi dans une loi[2] –, que faire d'une telle affirmation ? Inculper les auteurs de ce crime ? Ils sont morts depuis longtemps. On imagine alors de réclamer réparations à leurs descendants.

En utilisant la voie civile et non plus pénale, les demandeurs contournent l'obstacle de la prescription[3] : les crimes contre l'humanité sont déclarés imprescriptibles mais l'accusation n'en demeure pas moins tributaire de la survie des bourreaux. Ceux-ci décédés, les procès pénaux deviennent sans objet, faute d'accusés. Ces plaintes civiles prétendent vaincre la forclusion[4] du temps en rouvrant des événements que l'histoire semblait avoir définitivement scellés. Elles veulent les rouvrir pour tenter de les clore ; parce que ces pages de l'histoire continuent de distiller leur venin. Apporter la preuve d'un préjudice *actuel* est d'ailleurs une condition posée par de nombreux droits nationaux pour intenter une action en justice. C'est sur cette base que la demande formée par des descendants d'esclaves aux États-Unis a été rejetée par les juges fédéraux[5].

Qu'est-ce qu'un « préjudice de l'histoire » ? L'expression est elle-même ambiguë : ne s'agit-il pas de juger les blessures du passé qui se ressentent toujours au présent ? On ne s'intéresse jamais au passé que pour des raisons présentes. À la différence de l'histoire, la justice ne se penche pas sur le passé pour le restituer le plus fidèlement possible mais pour mettre fin à un événement qui a heurté une communauté politique en contestant ses valeurs. Ce qui place le juge toujours simultanément sur deux plans : celui du passé et celui du présent. Si l'historien cherche à restituer le passé au passé, le juge commet nécessairement des anachronismes, en visitant l'histoire avec des catégories présentes. Au nom de quelle supériorité morale peut-on réclamer réparation d'un fait historique qui était légal – et donc insusceptible d'une quelconque responsabilité – au moment de sa commission ? Qu'est-ce qui peut bien absoudre ce péché d'anachronisme ? Une nouvelle représentation de l'histoire[6].

UNE NOUVELLE REPRÉSENTATION DE L'HISTOIRE

Ces affaires confirment la volonté, apparue à Nuremberg et qui s'est précisée tout au long de ces dernières décennies, de rendre l'histoire justiciable : celle-ci peut être accusée par le procureur dans un procès pénal mais elle devient également source de créances liquides et exigibles. Les demandeurs à ces actions refusent tout fatalisme, ils n'acceptent plus un prétendu sens de l'histoire qui en recèlerait l'explication ultime et qui justifierait leurs souffrances. Le droit et la justice sont au cœur de cette nouvelle représentation et c'est autour d'eux que le rapport au passé, mais aussi le rapport à l'avenir, se réorganisent. Car ces deux dimensions sont inséparables.

Le droit civil est mobilisé pour combler une distance historique qui était ressentie auparavant comme insurmontable. L'histoire semblait avoir définitivement entériné la colonisation aux États-Unis, au Canada ou en Australie, au point d'en faire oublier sa nature même ; le partage de l'Europe après 1945 a survécu dans ses grandes lignes jusqu'à la fin de la guerre froide. Mais voilà que ces condamnés des jugements de l'histoire (les *natives* américains, les aborigènes d'Australie ou les Allemands des Sudètes par exemple) n'acceptent plus avec fatalisme le verdict des armes ou le fait accompli du rapport de force. Ils veulent en appeler devant des juridictions civiles.

Il n'est d'ailleurs pas demandé aux juges de revenir sur ces partages ou d'expulser les colons mais d'achever ces processus en indemnisant ceux qui ont eu à en pâtir. Il leur faut considérer des épisodes historiques aussi majeurs que la création des États-Unis ou la Seconde Guerre mondiale, moins comme des événements politiques que comme des faits juridiques au même titre qu'un contrat de bail non exécuté, qu'un accident de la circulation ou qu'un banal divorce. La justice civile est sommée d'en liquider les intérêts civils et de clôturer définitivement les comptes.

Un nouvel individualisme historique

Cette nouvelle représentation de l'histoire est caractéristique d'une génération « post », qui se définit par ce après quoi elle vient : génération post-guerre froide, postnationale, etc. Ce que refusent avant tout les plaignants, c'est l'hégélianisme implicite des grands récits politiques comme le marxisme ou le nationalisme, qui les réduisait au silence en rendant impossibles de telles actions. Dans le système international classique, l'État jouissait d'une immunité de principe à l'égard des individus : il n'était responsable que devant ses pairs, c'est-à-dire les autres États. Le système westphalien exonérait l'État de toute responsabilité civile pour les dégâts qu'il avait pu commettre. Ces représentations de l'histoire avaient en commun un certain rapport à la totalité : totalité de l'histoire, totalité du monde ou totalité du groupe national. « La victimisation est cet envers de l'histoire que nulle ruse de la Raison ne parvient à légitimer et qui plutôt manifeste le scandale de toute théodicée de l'histoire[7]. » L'histoire se lit désormais à travers les yeux de la victime ; victime qui est le centre de gravité du procès civil (alors que c'est l'accusé qui est le personnage central du procès pénal[8]).

Les actions en indemnisation rouvrent en quelque sorte l'histoire, en effaçant des ruptures historiques que nous croyions définitives. Nous nous étions si bien habitués à remiser ce qui précède la Révolution française et encore plus les Lumières dans un autre temps, que de le considérer comme un temps vif, non purgé, nous ébranle. Ce nouveau rapport à l'histoire marque le dépassement de la modernité (et peut être qualifié, au sens propre du terme, de postmoderne). « La modernité est elle-même un phénomène historique global, dans la mesure où elle appréhende les temps modernes comme des temps nouveaux[9]. » Or voici que nos démocraties semblent prendre des chemins inverses : des faits anciens comme l'esclavage enjambent des barrières historiques comme la guerre de Sécession. Comment expliquer que des faits remontant avant ou pendant la Révolution française – songeons à la guerre de Vendée – reviennent aussi violemment dans notre espace d'expérience ? L'éloignement dans le temps ne semble plus être un obstacle : des faits aussi anciens que l'esclavage ne sont plus prescrits. La prescription ne peut en effet purger l'histoire de toutes ses injustices qu'à la condition que la coupure sur laquelle elle s'appuie ait un sens pour les citoyens[10]. Les descendants d'esclaves ne voient plus dans la guerre de Sécession une rupture qui interdit de remonter plus loin qu'elle ; une partie des Français ne croit plus au mythe gaulliste de la continuité de la République à Londres plutôt qu'à Vichy ; le mythe national suisse d'un pays neutre et humanitaire sombre sous les coups de *class actions* d'associations américaines.

En réclamant réparation de leur préjudice ou restitution de leurs biens, les demandeurs postulent que l'histoire ne sera pas finie tant qu'on ne l'aura pas purgée de ses crimes impunis et de ses dettes impayées. Ces demandes judiciaires – même si elles n'aboutissent pas – inaugurent un nouveau rapport au temps. Peut-être est-ce là d'ailleurs leur véritable enjeu.

Cette nouvelle mise en intrigue de l'histoire, sous la forme de dettes impayées et désormais exigibles, est un « figuratif de libération[11] » : outre le refus du fatalisme, elle échafaude un drame tourné vers le futur, vers la rédemption au sens propre du terme, c'est-à-dire le rachat des captifs. Il n'est ainsi pas possible de séparer le rapport au passé du rapport à l'avenir, qui sont articulés par le paradigme de la dette. Les rapports historiques ne sont plus entendus comme des relations collectives et politiques, ce qui caractérisait le modèle westphalien, mais comme un immense réseau de relations interpersonnelles.

Pour ces procès, toutes les relations – politiques, familiales ou commerciales – relèvent du droit privé, c'est-à-dire qu'elles peuvent toutes être interprétées sous le paradigme du contrat ou de la responsabilité civile, comme des relations de créances et de dettes. L'histoire est désormais perçue en termes *individuels*. Indemniser les préjudices de l'histoire par les mécanismes du droit civil repose sur deux postulats : que les rapports de droit privé peuvent servir pour résoudre les apories des rapports politiques, et même – second postulat – des rapports politiques passés. Ces actions ajoutent foi à l'hypothèse d'une dépolitisation des rapports politiques, tant le propre du droit civil est de refouler la dimension politique.

Ni tribunal de l'histoire ni jugement dernier, mais une justice concrète

On peut parler de « judiciarisation de l'histoire » dans la mesure où c'est sous le paradigme du procès que s'interprète l'histoire. Le procès ne doit pas être limité à une simple forme mais compris comme un dispositif qui permet à la fois une identification du mal et l'indication de sa résolution : les deux sont inséparables dans le procès. Si la catharsis du procès pénal a été largement commentée, il n'en va pas de même pour le procès civil. Dans celui-ci, l'injustice est moins vaincue que dépassée par une remise de tous à un même niveau, par un acquittement par chacun de ses dettes et, ici, de toutes les dettes accumulées depuis des siècles mais dont les effets délétères se font toujours sentir. De telles réparations supposent que toutes les injustices peuvent être soldées, qu'aucune – même la plus ancienne – ne doit rester hors de la portée du droit.

Ce nouveau rapport à l'histoire signale un nouvel horizon d'attente, ce que Koselleck appelle l'espace d'expérience[12] autour duquel se rapportent toutes les références historiques. Celui-ci fut pendant longtemps limité à la nation ou à l'Europe. Cet espace s'agrandit aux dimensions du monde[13]. Ces procès en indemnisation de l'histoire ne sont pas compréhensibles sans l'espoir d'un avenir plus juste mais ils vont de pair avec l'abandon de l'idée de progrès ou de révolution qui a justifié tant de massacres. Cette nouvelle perception du temps prend le contre-pied de celle qui prévalait juste après la guerre : cette dernière se fondait sur la rupture, sur la révolution, sur une histoire complètement maîtrisée, celle-là se penche sur les victimes sans prendre parti sur les causes au nom desquelles les crimes ont été perpétrés. Ce nouveau régime d'historicité prend le contre-pied de la rupture tant magnifiée par le précédent : il veut renouer avec les générations précédentes à l'égard desquelles nos contemporains éprouvent un puissant sentiment de dette : là réside peut-être le moteur le plus profond de ces actions.

Ces actions en justice reprennent à leur compte l'espérance chrétienne d'un temps résumé, jugé et purgé par un procès. Non plus l'espérance d'un procès eschatologique, ultramondain et censé intervenir à la fin des temps, mais de véritables procès qui appliqueront les règles du droit civil. Le dénouement est désormais attendu d'une instance judiciaire formelle, humaine et non plus d'une justice inhérente à l'histoire comme dans le modèle hégélien. L'histoire n'est plus le tribunal du monde mais, à l'inverse, les dommages civils et les souffrances infligées aux populations deviennent les critères selon lesquels sera jugée l'histoire.

Le droit civil qualifie les vicissitudes de l'histoire en vue d'agir sur elles. Ces affaires n'ont pas la prétention d'écrire l'histoire mais plus modestement de réparer quelques-uns de ses effets sur des victimes toujours vivantes. Ces actions comportent une dimension concrète – apportée par la perspective d'une décision de justice et d'une indemnisation – qui s'oppose en tout point à l'utopie révolutionnaire, à la fois radicale et abstraite, qui repoussait indéfiniment l'accomplissement de ses promesses dans un futur eschatologique. Elles ne sont pas, au propre comme au figuré, intransigeantes (on a vu l'importance – d'ailleurs ambiguë – qu'y occupe la transaction). Ce que l'on acceptait comme une fatalité, comme quelque chose d'inhérent à l'histoire s'en détache tout à coup : agir en justice, c'est refuser que le temps consacre l'injustice. Ne rien faire équivaudrait à homologuer l'injustice : en interpellant l'histoire, les victimes réactivent la relation avec les auteurs de leur préjudice, mais sur un mode positif. L'action des procès civils sur l'histoire sera double : elle visera à terminer une action passée mais aussi à exercer un effet dissuasif sur l'avenir.

TERMINER UNE ACTION

Le crime – et de surcroît le crime contre l'humanité, qui est non seulement un crime politique mais un crime contre la politique car il touche au principe même de la coexistence humaine – renvoie à une réalité hors du droit, qui lui résiste et qui « l'excède constitutivement[14] ». La justice naît de cette confrontation à l'altérité de l'histoire, à un événement échu et irrémédiablement passé. « Le propre du crime, c'est qu'il a eu lieu. Il est le passé qui ne passe pas, parce qu'il fait obstacle au droit lui-même comme opération de transformation de la réalité. Plus que le sentiment commun de l'interdit, il y a, au principe du droit pénal, l'insistance de la réalité elle-même, prise comme continuum temporel irréversible, extérieur au droit, et sur lequel celui-ci vient en quelque sorte échouer[15]. » Par le crime, le droit est défié par le non-droit, ce qui l'enjoint à imaginer des médiations par lesquelles il pourra surmonter cet événement passé, tels les catégories et les fictions juridiques, les rites du procès ou encore l'argent.

La procédure judiciaire est une arme possible pour aider une communauté politique à sublimer un événement qui s'est effectivement passé et qui menace son unité. Comme l'accusation pénale, la demande civile est une protestation de la volonté contre un fait passé qu'elle ne peut plus changer mais qu'elle ne peut cependant se résigner à admettre. L'accusation pénale cherche à annuler les faits en bannissant, voire en supprimant la personne qui incarne « ce scandale d'une réalité qui reste irrécusable alors qu'on voudrait la dissiper comme un mauvais rêve[16] ». La plainte civile participe de la même indignation devant l'acte mais se sépare de l'accusation en ce qu'elle se cantonne à l'acte et ne cherche pas à viser la personne, pas plus qu'elle ne cherche le secours d'une quelconque « magie pénale ».

Le droit civil adopte une stratégie tout à fait différente du droit pénal pour « traiter » des crimes contre l'humanité : plutôt que sur l'intention, il se concentre sur l'acte qu'il dédramatise voire banalise pour agir plus efficacement sur lui, il s'intéresse aux biens plutôt qu'aux personnes, son opérateur est l'argent plutôt que les corps, il compte sur l'intérêt plus que sur le sens moral. Alors que le droit pénal se concentre sur le sujet, celui qui sera le patient de la peine, la responsabilité civile se polarise sur l'acte. La justice pénale veut abolir le temps, mais par l'intermédiaire de la peine, qui est censée annuler l'intention mauvaise : c'est pour cela que le droit pénal est tributaire d'une représentation quasi religieuse perceptible dans l'idée de rétribution. Ce n'est pas le cas de la justice civile qui, au contraire, cherche à supprimer les effets négatifs d'une action passée par le truchement d'un système symbolique – l'argent – qui prend valeur d'équivalent universel. La monnaie est supposée transformer tout préjudice en une somme d'argent. Il s'agit ici moins d'une relation entre personnes que d'un rapport entre patrimoines. L'idée de patrimoine, c'est-à-dire de l'ensemble des biens et des obligations d'une personne ainsi que son aptitude à en acquérir ou à en contracter – sa capacité civile – est un autre médiateur important pour la réalisation de ces réparations. Toute personne humaine doit en effet être reconnue titulaire d'un patrimoine, qui fournit à la dignité humaine sa base économique.

La différence de stratégie – bannir la personne ou annuler les conséquences de l'acte – et le moyen – la peine d'un côté, l'argent de l'autre – influent sur le sens même de la justice : celle-ci prend en matière civile un sens légèrement différent, en ne cherchant plus la juste mesure entre la gravité d'un acte et sa rétribution par la peine mais en s'appliquant à remettre le patrimoine des parties dans le *statu quo ante*, comme si le fait préjudiciable n'avait pas existé[17]. La justice civile vise à un retour au *statu quo ante* : les victimes d'un crime qui les a appauvries injustement doivent retrouver le même patrimoine que celui qu'ils détenaient avant ces événements. Le droit civil procède de la volonté d'annuler un acte en faisant cesser ses effets de façon à restaurer la solidarité, non pas par la cérémonie du procès pénal et de la peine aux relents sacrificiels, mais par le rétablissement des parties en l'état. La justice civile ne concerne pas directement les relations entre les personnes mais se fonde sur un acte qu'il convient d'annuler, un acte qui est abordé à travers ses répercussions sur le patrimoine d'un sujet. Le droit distingue en effet entre les droits patrimoniaux et les droits extrapatrimoniaux. La justice veut annuler un acte par le truchement d'une compensation monétaire censée en faire disparaître les conséquences pour un patrimoine.

Dette, peine et pardon

L'hypothèse de l'acquittement d'une dette a été curieusement négligée par Hannah Arendt dans sa célèbre réflexion sur les différentes manières de clore les actions humaines. Dans *Condition de l'homme moderne*, Hannah Arendt rapproche la peine et le pardon comme deux manières de refermer les conséquences d'une action[18], auxquelles correspondent d'ailleurs deux types de justice reconstructive : à la peine le procès pénal, au pardon les nouvelles formes de justice transitionnelle qui célèbrent la réconciliation. L'acquittement de la dette est une autre manière de clore une action qui n'est d'ailleurs pas exclusive des deux autres (elle est même souvent cumulative).

Hannah Arendt néglige curieusement l'argent et son aspect « libérateur ».

« La suppression de ce qui a été paraît témoigner du même caractère de révélation que l'acte lui-même[19] », dit Hannah Arendt. La réclamation en justice du paiement de la dette pourra mettre fin à une action précédente, au prix d'une double symbolisation : en choisissant l'enceinte judiciaire d'abord et en se déplaçant ensuite sur le terrain des biens et de leur estimation monétaire. Si l'action peut être définie comme une initiative qui entraîne des effets irréversibles dans le réel, la justice se pose comme une instance symbolique qui tente de retrouver la maîtrise des effets moraux de l'action, d'y mettre fin par la peine ou le pardon mais aussi par l'indemnisation, c'est-à-dire la réparation des effets délétères.

Une indemnisation de l'histoire en temps réel

L'action sur le passé est donc inséparable d'une action sur l'avenir. Parfois, celui-ci se rapproche tellement qu'il s'agit d'une réparation de l'histoire en temps réel. La distance entre l'événement qui génère le préjudice et sa réparation financière tend à se réduire, jusqu'à pratiquement disparaître. Lors de la guerre israélo-libanaise de juillet 2006, dès le début des bombardements, des *class actions* sont engagées devant des juridictions américaines par des parties israéliennes pour saisir les avoirs libanais en vue d'indemniser des préjudices en train de se réaliser[20]. C'est de l'indemnisation des préjudices de l'histoire en temps réel, sans leur laisser même le temps de devenir historiques ! Les colons israéliens mettent comme préalable à tout déplacement leur indemnisation *avant* l'expulsion[21].

Les juges américains saisis d'une réclamation de réparation de l'esclavage, ont répondu que c'était le présent qui comptait. Ce choix de privilégier le présent correspond à une véritable philosophie politique qui est contenue en filigrane dans ces affaires.

RENDRE LE MONDE DURABLE

Une requalification judiciaire de l'histoire

Après avoir cerné l'objectif – clore une action passée – voyons-en les modalités. Le premier acte du droit est de qualifier cette réalité, de transformer un événement en fait juridique. Cette opération sur le fait lui-même, son isolement du reste de l'histoire, sa juridisation, sa « privatisation », l'imputation à un patrimoine et à ses titulaires successifs, est le premier acte de la mise en scène judiciaire de l'histoire. Le droit consacre un événement comme fait juridique, ce qui lui fait produire des effets juridiques ; il devient le fait générateur d'une responsabilité et donc d'une créance. L'imputation d'une responsabilité doit être distinguée de l'accusation pénale.

Si la culpabilité est personnelle, elle est proche de la morale, elle doit affecter une intention qui a montré sa violence ; elle est l'apanage du droit pénal ; elle est essentiellement individuelle et ne doit pas être transposée au plan collectif et politique. Il n'y a pas de culpabilité collective du peuple allemand par exemple, tout simplement parce que tous les Allemands n'ont pas participé à la Shoah, comme Willy Brandt ou encore Konrad Adenauer. Et pourtant ils ont assumé la responsabilité des actes de leur peuple. La responsabilité n'est en effet pas liée à ses actes mais à une solidarité qui peut prendre plusieurs formes : celle d'un lien politique par exemple. Ce lien politique a des prolongations patrimoniales : les membres d'une même communauté politique sont liés solidairement aux dettes contractées par certains de leurs membres, fussent-ils disparus. Ce point fait d'ailleurs débat, notamment aux États-Unis où certains se demandent à quel titre ils pourraient être tenus civilement responsables d'actes qui ne leur sont pas personnellement imputables[22].

Un fait juridique peut ouvrir à une action civile sur différents fondements (qui varient selon les différents systèmes juridiques dans lesquels les actions sont introduites). Le premier qui vient à l'esprit est la responsabilité contractuelle qui naît de l'inexécution d'un contrat par l'une des parties, ce qui habilite l'autre à réclamer réparation. C'est le cas de la *class action* contre les banques suisses : l'argent a été déposé dans des banques et les banquiers n'ont pas rempli leurs obligations. C'est sur la même base qu'a été intentée une action à propos des *Black Hills*. Un contrat a été passé entre les Indiens qui en étaient les légitimes propriétaires et il n'a pas été respecté. Il en va de même pour les Maoris et le traité de Waitangui[23] qui se situe à mi-chemin entre le droit privé et le pacte constitutionnel.

L'affaire des Blacks Hills[24]

L'affaire la plus célèbre qui a donné lieu à la plus grosse indemnisation est sans conteste celle des Black Hills. Par le traité de Fort Laramie de 1868, le gouvernement américain délimitait le territoire de la réserve sioux à l'intérieur duquel se trouvait ce massif montagneux. Or, en 1874, des mines d'or y furent trouvées. L'administration d'Ulysses Grant ne respecta pas les clauses du traité et fit pression sur les Sioux pour qu'ils vendent leurs terres (ils n'avaient pas de choix : *sell or starve*[25]).

En 1980, la Cour suprême alloua la somme de 122 millions de dollars en dédommagement de cette spoliation, ce qui fut salué comme un effort particulièrement méritoire pour rendre justice aux Indiens. C'était pour l'éditorialiste du *New York Times*[26], « l'argent de la conscience » parce que l'indemnisation est la seule manière de réparer des injustices de l'histoire. Mais, impressionné par le montant des dommages et intérêts, on se préoccupa moins de l'adéquation de cette somme au préjudice réel. Cet argent ne fut, d'ailleurs, jamais réclamé.

Encouragé par cette décision, le sénateur Bill Bradley déposa sans succès, en 1987, une proposition de loi évaluant à 18 milliards de dollars – intérêts inclus – le prix de l'or extrait de ces montagnes (une autre somme de 2,6 milliards de dollars fut aussi avancée).

Une justice des biens

Un autre fondement possible de l'action en dommages et intérêts est la faute civile. Dans cette hypothèse, il n'y a pas de lien de droit préexistant. Ou encore l'enrichissement sans cause : il a été abondamment sollicité dans les procès américains[27]. Les esclaves ont contribué par leur travail et leurs souffrances à l'enrichissement du pays ? Ils doivent en profiter. Les Blancs ont occupé des terres ? Ils doivent les indemniser à défaut de les restituer. Les banques suisses ont fait fructifier de l'argent spolié ? Ils doivent payer. Sans le travail des esclaves, qui ont fourni une précieuse main-d'œuvre, l'Amérique ne serait pas ce qu'elle est. C'est d'ailleurs cette contribution qui distingue l'esclavage du crime de masse pour Hannah Arendt[28].

Les terres appropriables des colonies étaient indispensables non seulement au développement mais aussi à l'équilibre de l'Europe (c'est le fameux *jus publicum europaeum* dont parle Carl Schmitt). De telles réclamations sont beaucoup plus positives que l'accusation pénale. Les plaignants ne veulent rien d'autre que leur part de cette richesse dont ils ont été spoliés. Il ne s'agit pas seulement de profiter de l'enrichissement que le temps a rendu possible mais aussi d'indemniser le scandale de cette différence injuste. La réintégration qu'ils poursuivent ainsi n'est plus réclamée en termes quasi métaphysiques – au nom d'une « humanité » problématique – mais très concrets : l'argent doit leur permettre virtuellement au moins d'être réintégrés dans un système d'échanges économiques.

Le sentiment d'injustice éprouvé a moins de parenté avec l'horreur qu'inspire la cruauté du bourreau qu'avec l'effroi que provoquent la froideur et la rationalité de ces comportements économiques. Le banquier peu scrupuleux n'est pas revêtu de la même indignité que le criminel contre l'humanité. On ne lui reproche pas la passion mais au contraire son mépris, son attachement aux formes, son calcul. C'est certes moins grave que d'avoir tué de ses propres mains, et c'est tellement plus proche de nous ! Peut-être est-ce aussi grave – voire pire – de profiter indignement de cet argent pour des banquiers suisses que de se laisser emporter par l'idéologie ? Ces actions ne chercheraient-elles pas à conjurer l'inquiétante proximité de ces comportements choquants ? Ces fautes ont été commises tout près de nous, par nos musées, nos banquiers ou nos entreprises publiques, en bref par des gens qui nous ressemblent. Comme s'il fallait nous démarquer absolument de toute complicité à l'égard d'un crime contre l'humanité en col blanc.

La conception de la justice que véhicule une telle application du droit civil est fécondée par la mondialisation actuelle. Les mécanismes de la responsabilité civile – c'est très explicite dans la théorie de l'enrichissement sans cause – sont sous-tendus par la quête d'une justice objective[29], c'est-à-dire non seulement *par* les biens mais aussi *dans* les biens. On ne sera donc pas surpris par l'importance accordée à la dimension économique dans un monde comme le nôtre, dont l'économie devient le langage universel. C'est bien un nouveau modèle de justice qui tente de relever les défis de notre temps et de s'adapter aux dimensions du monde qui se profile.

Une vision libérale du temps ?

Ces affaires sont donc révélatrices du remaniement profond – anthropologique et théologico-politique – auquel s'adosse le libéralisme. Il donne accès à une représentation implicite de l'espace – comme collection de personnes liées entre elles par des contrats ou endettées par des fautes –, ainsi que du temps.

Le droit, en fixant un montant acquittable aux dettes, permet de solder un passif – quelle que soit l'importance du contentieux. L'acquittement des dettes est censé « liquider l'histoire » dans le double sens de la rendre de nouveau fluide, de la débloquer et de la faire disparaître. Liquide : l'adjectif revient souvent pour qualifier la mondialisation ; celle-ci nous ferait entrer dans un univers de feux. Ce n'est probablement pas un hasard si la dette, l'argent[30] et la mondialisation (Zygmunt Bauman parle d'un « monde liquide[31] ») participent d'une même métaphore liquide. Les actions en indemnisation des préjudices de l'histoire prennent toute leur signification dans un imaginaire des flux.

L'utopie qui sous-tend ces actions est libérale en ce qu'elle postule la possible conversion de toute chose, de tout bien et de tout mal en une dette liquide et exigible. Grâce à cela, le temps n'accumule pas le ressentiment et permet à tout moment de repartir à zéro. C'est le temps de l'économie moderne qui correspond d'ailleurs aussi au travail du droit : au pénal, la peine permet de sortir de la vengeance qui alourdit le temps, chaque réplique se devant d'être plus forte que la précédente. Au civil, la vengeance n'est pas contrée mais traduite en dette qui substitue à la disproportion consubstantielle de la vengeance, l'exactitude de ses comptes et peut ainsi mettre un terme à la querelle ; tout comme le système économique « qui nous libère de la dette non pas en l'éliminant, mais en la traduisant en permanence en une quantité précise à un moment précis[32] ». La responsabilité civile comme le contrat et l'échange marchand sont censés rendre toutes choses finissables, y compris les plus terribles. C'est dans ce sens-là que le temps libéral est anhistorique : il ne s'accumule pas, ne constitue pas d'histoire.

Le libéralisme renvoie, grâce à un déminage permanent de tous les conflits par le droit civil, à un temps qui se distingue à la fois du temps cyclique de la société traditionnelle, et du temps prométhéen de la révolution. Il s'agit d'un temps réitératif, qui doit être purgé régulièrement. Le temps accumule des injustices dont il est possible de se débarrasser à condition de les liquider comme des dettes, et il doit être régulièrement régénéré dans le but de permettre au marché et au droit de produire leurs effets bénéfiques. L'idée de *régénération* se substitue à celle de progrès : la régénération par l'apurement des dettes est la réponse libérale à la corruption du temps.

La justice civile, dans l'idéologie libérale, doit donc permettre de purger le temps, modestement, dette après dette, sans avoir à mobiliser une quelconque philosophie de l'histoire. Une réponse judiciaire effective, décentralisée et en temps réel en tient lieu. Le procès offre la possibilité d'une transition incessante et nécessaire pour maintenir au temps son caractère ordinaire. Le procès et la libération par le paiement permettent, dans la représentation libérale, de sublimer la violence des rapports sociaux.

Réparer l'ordre du monde

Si l'horizon d'attente du procès pénal est la réconciliation, le procès civil est moins ambitieux : il se contente d'alléger les relations des vielles dettes qui les encombrent ; son souci n'est plus de réunir mais de rendre le monde durable. Pour apporter une légitimité ultime à son action, Eizenstat cite le principe judaïque du *tikkum olam,* c'est-à-dire littéralement la « réparation du monde ». C'est bien dans le souci d'une continuité du monde qu'il s'inscrit, d'une « durée publique » qui est la toile de fond de l'autorité[33].

« La dette a rapport à l'ordre du monde, elle est l'indice d'un manque à combler, d'une insuffisance à corriger, ou, plus exactement, elle est la tâche de rétablir l'ordre qui a été perturbé[34]. » Une telle formulation de la justice à l'ère mondiale, sous forme d'une dette à acquitter, doit être inscrite dans les différentes compréhensions du mal et de sa réparation. La transgression fut d'abord interprétée comme une souillure qu'il fallait réparer par des offrandes et des rites, puis le mal fut compris comme un péché, une défaillance de la relation à Dieu, puis comme une menace contre l'ordre politique et enfin, de manière plus contemporaine, comme un aveuglement à la souffrance d'autrui. Chaque stade est attesté par une symbolisation de la justice : symbolisme de la tâche, du poids, du mauvais chemin, de l'indifférence à autrui[35]. Chacun de ces signifiants s'adosse implicitement à une vision de l'ordre du monde : l'ordre cosmique pour la souillure, l'ordre divin pour le péché, la cité (qui rétrécissait singulièrement les dimensions du monde). Le crime contre l'humanité marque le dépassement de cette référence au cadre indépassable de la nation : il s'agrandit aux dimensions du monde. Le monde de la mondialisation n'est plus le *cosmos* de la société traditionnelle, n'est pas non plus le *monde créé par Dieu* car il n'a plus d'au-delà (la scène du jugement dernier n'est plus ultramondaine), mais il ne peut plus être confiné à la *nation* comme le recommandait le positivisme et à travers lui, l'idée de citoyenneté.

Chapitre 3

LE PARI D'UNE JUSTICE PLUS OBJECTIVE

Le modèle du droit civil se distingue du droit pénal en ce qu'il régule la relation entre les hommes par la médiation des biens, en pariant qu'il n'y a pas de mal que l'on ne puisse convertir en une dette liquide et exigible, dette qui sera traitée, quels que soient ses dimensions et son caractère extraordinaire, comme une affaire civile ordinaire par des tribunaux de droit commun ; la perspective d'une extinction de la dette permettra de purger le mal dans l'histoire sans le secours ni de la politique, ni d'une philosophie de l'histoire dont on a vu les ravages au siècle dernier.

Les demandes de réparation cherchent à atteindre un bien politique mais par des actions civiles qui sont souvent, dans la culture civiliste continentale, moins chargées émotionnellement et moins investies politiquement que la justice pénale. Il y a donc une voie de traverse, une utilisation du procès civil à des fins que l'on ne lui reconnaît pas habituellement. Mais ces avantages ne sont acquis qu'au prix d'une certaine ambiguïté : se concentrer sur les choses qui ont un prix est-il le chemin le plus sûr pour signifier la dignité des hommes ? Une justice par définition privée est-elle le meilleur support d'une revendication dans le fond politique ? Ne peut-on craindre une privatisation de la justice ? En choisissant de se placer sur un terrain économique pour satisfaire des demandes d'une autre nature, ces actions civiles ne risquent-elles pas d'affaiblir leur cause ?

L'action civile offre une souplesse et permet une inventivité que n'autorise pas l'accusation pénale. Par rapport aux actions pénales qui sont centralisées dans les mains de l'accusation, limitées par la vie des accusés potentiels même si elles sont déclarées imprescriptibles, les actions civiles sont, au contraire, transgénérationelles, infra-étatiques, transfrontières : elles s'affranchissent de toute distance spatiale ou temporelle. Leur matière ne se limite pas aux actions humaines, mais s'étend aux objets, à « ce qui circule entre nous[1] ».

DES RELATIONS MÉDIATISÉES PAR LES BIENS

Le procès civil est souvent considéré comme mineur par rapport au procès pénal : moins spectaculaire, il intervient souvent après qu'une peine a été prononcée et n'engage pas aussi intensément les valeurs morales. Selon une hiérarchie implicite, le droit pénal est plus fondamental parce que d'ordre public ; c'est le droit de la souveraineté, il intéresse directement les relations entre les personnes auxquelles il est censé rappeler les interdits fondateurs. Les affaires d'indemnisation des préjudices historiques inversent cette hiérarchie en mettant en premier les biens. Dans une action civile, il est moins question des personnes que de leurs *biens*. Ces affaires postulent que c'est à travers les objets que l'on va réguler les relations entre les personnes. Elles font le pari que la médiation des biens permettra une justice plus objective, dans tous les sens du terme.

Avec le civil, on pénètre dans un autre registre de signifiants dont l'élément central n'est plus le corps mais l'argent (d'où son succès dans la société américaine où l'argent est un régulateur social, ce qui n'a pas son équivalent en France ni même dans aucun autre pays). À la différence du procès pénal qui cherche à rétribuer une action, sous forme de peine ou de réprobation publique, l'objectif du procès civil est de trouver une équivalence sous la forme d'une somme d'argent. La demande civile fait passer l'incommensurable de la plainte à une réclamation quantifiée : elle permet non seulement de figurer la demande mais aussi de la mesurer. L'exercice auquel doit se livrer la justice s'en trouve changé : alors que la *plainte pénale* est centrée sur le *récit* – grand récit collectif de l'histoire ou petit récit de sa souffrance –, la *demande civile* doit absolument être *chiffrée*. Avec la justice civile, l'enjeu est à la fois plus précis et moins polémique : les plus grandes brutalités politiques sont abordées à travers les patrimoines.

La certitude de la matière : une justice matérialiste

Le procès civil ne vise pas à saisir un acte pour le réprimer mais à statuer sur des prétentions rivales à propos d'une chose. La demande civile présente l'avantage de la matérialité : matérialité de l'objet du litige (la propriété d'un bien ou l'évaluation d'une prestation) ou matérialisation d'une demande de nature extrapatrimoniale (indemnisation d'une atteinte du droit à l'image par exemple). Dans les actions en réparation de l'esclavage, il n'est pas demandé aux juges de se prononcer sur la nature et l'histoire de l'esclavage, mais d'ordonner le paiement des richesses qui n'ont pas été payées. C'est ce matérialisme, allié à cette modestie morale, qui permet à la justice de s'attaquer à des préjudices qui ont des dimensions inhabituelles, démesurées, à la limite du pouvoir d'une institution humaine car elle met en jeu des relations intercontinentales comme l'esclavage, s'étendant sur des siècles d'histoire comme la colonisation ou s'approchant d'un mal métaphysique comme pour l'Holocauste. La demande est très concrète : non seulement la chose réclamée a une réalité physique mais l'argent permet de quantifier voire de figurer la revendication (chose et cause ont la même étymologie[2]).

Toute demande peut en principe être évaluée et donc liquidée par la justice civile. Celle-ci se sert de l'argent comme d'un équivalent universel, capable de rendre toutes sortes de biens hétérogènes, convertibles entre eux, et donc de fluidifier les échanges. Cette justice a l'espoir de parvenir à une équivalence plus parfaite grâce, d'une part, à la détermination de la valeur que réalise le marché et, de l'autre, à la fongibilité de l'argent.

Si ce qui définit la justice, c'est la recherche d'une équivalence, celle-ci sera plus facile à trouver entre des biens qui ont une valeur marchande, qu'entre des actions humaines et des peines. Si nous différons d'avis, dit Socrate à Euthyphron, sur le nombre des œufs dans un panier, sur la longueur d'une pièce d'étoffe ou sur le poids d'un sac de blé, nous ne nous disputerons pas pour cela, il nous suffirait de compter, de mesurer ou de peser, et notre différend serait résolu. Les différends ne s'enveniment que là où nous manquent de tels critères d'objectivité, quand on est en désaccord sur le juste ou l'injuste, le bien et le mal... en un mot sur les valeurs[3]. En se concentrant sur les biens plutôt que sur les actions humaines, la justice caresse l'espoir d'une équivalence plus arithmétique, moins sujette à discussion. À travers les biens, on espère trouver un fondement moins discutable et plus sûr à la justice. Les disputes à propos des biens souffrent moins de discussion que l'interprétation de la violence politique. Les actions civiles pensent ainsi trouver dans les rapports objectifs entre les biens, ce que les rapports intersubjectifs ne leur permettent pas d'atteindre. En choisissant la voie civile, elles comptent sur la matérialité des traces pour remonter à l'immatériel de la mémoire. Au risque, comme on le verra, de voir l'immatériel, le spirituel, disparaître en chemin, écrasé par la matière.

Un calcul devient possible

La justice pénale se heurte à la difficulté de trouver des peines en rapport avec la gravité des crimes commis. Même la peine de mort – la plus radicale d'entre toutes – peut apparaître sans proportion avec les milliers de vies supprimées par le crime. Les équivalents proprement pénaux, la vie ou la privation de liberté, butent vite contre la finitude de la vie humaine ; comparé à eux, l'argent semble offrir une équivalence quasi illimitée.

Le calcul des dommages civils est censé être autrement plus précis que la peine : on ne se pose pas les mêmes questions pour évaluer le préjudice des propriétaires spoliés d'une mine (des experts font cela toute la journée pour des tribunaux du monde entier) que pour savoir si Maurice Papon devait être condamné à dix ans de prison ou à la perpétuité.

Nous avons déjà insisté sur le saut qualitatif qui s'opérait entre la restitution et la réparation[4]. La restitution pose moins de problèmes que l'indemnisation. Un bien a été pris ? Il doit être rendu. Cela ne semble pas poser de difficultés. Pourtant, s'il paraît naturel de restituer des œuvres d'art qui ont été pillées lors d'un récent conflit, cela semble moins spontané si le conflit est plus ancien : nous ne nous choquons plus de voir dans des musées français des œuvres qui ont été prises lors des guerres napoléoniennes par exemple. Lorsqu'il s'agit d'un bien, d'une propriété immobilière, d'une terre par exemple, dont les légitimes propriétaires ont été spoliés il y a plusieurs siècles, la restitution pose des difficultés encore plus grandes.

L'opération s'avère plus complexe lorsqu'il est demandé à la justice de réparer, c'est-à-dire d'évaluer le préjudice causé par un événement tel que la colonisation ou l'esclavage. La restitution d'un bien se cantonne à l'univers des biens : il est possible d'obtenir une restitution parfaite comme celle d'une œuvre d'art par exemple. Cela est envisageable, même si c'est beaucoup plus difficile de trouver des valeurs de substitution, pour les biens détruits. La réparation en revanche est plus aléatoire, car ce qu'il s'agit de réparer est un bien immatériel, inestimable : non seulement le prix de la vie mais aussi la souffrance, la destruction d'une grande partie de la culture (comme celle des Juifs d'Europe centrale par exemple).

La raison économique vient alors au secours de la science juridique. Dans l'esprit des partisans de ces actions, la technique juridique alliée à la raison économique peut nous sauver de la violence de la politique. L'extension des catégories du droit civil aux relations historiques, nationales ou internationales, correspond à une idéologie politique, ou antipolitique, qui postule que plus le droit sera technique, plus il sera chiffrable, plus ses verdicts seront incontestables. Plus encore que sur les rites du procès pénal aux relents religieux, la justice préfère s'appuyer sur la technicité rigide du droit et les froids raisonnements économiques : c'est eux qui sont censés solder les comptes de l'histoire et nous libéreront définitivement du tragique.

Un droit moins lié au pouvoir, aux sentiments et à la morale

Le droit pénal ne peut prendre place qu'au sein d'une même communauté morale : c'est le droit de *Thémis*[5]. Mais les affaires dont il est question ici concernent soit la guerre (les femmes prostituées de force par l'armée japonaise par exemple), soit la colonisation pour laquelle les hommes n'étaient pas égaux, et ne pouvaient donc former de communauté politique ; c'est pourquoi le droit pénal peut difficilement s'y appliquer. Le recours au droit civil permet de résoudre une difficulté qui affecte la justice pénale pour les crimes de guerre et les crimes contre l'humanité : c'est une justice entre ennemis voire entre personnes qui ne partagent pas le même territoire ou les mêmes systèmes de valeurs. Lointains d'emblée ou lointains fabriqués, l'accusation a tôt fait de passer pour une prolongation de la guerre, par l'oppression d'un système juridique – et donc d'une morale sur une autre. C'est la critique de Carl Schmitt contre le droit humanitaire[6]. Le droit civil est moins tributaire que le droit pénal d'un *ethos* commun, de références morales partagées : en raison même de la matérialité des biens, il parvient plus facilement à voyager au-delà des frontières et à sécréter des normes communes entre des univers moraux très différents.

En passant par la médiation des biens, le droit civil échappe à la critique schmittienne : il aborde en effet un acte non pas sous l'angle de son contenu moral mais en fonction des conséquences qu'il entraîne sur les patrimoines. L'acte est dépouillé de sa dimension morale pour être approché comme un déséquilibre injustifié (c'est le sens de l'enrichissement sans cause) entre deux patrimoines. C'est pourquoi il est plus facile à ces actions d'indemnisation de traverser les frontières. En cessant de se concentrer sur les univers moraux comme le droit pénal, qui ne peut en faire l'économie, mais en traitant de biens beaucoup plus objectifs, les actions civiles résolvent plus facilement le défi de la distance aussi bien géographique que morale, c'est-à-dire la diversité des peuples et des cultures.

Ces actions se réclament de fondements d'autant moins discutables qu'ils sont empruntés majoritairement aux valeurs des défendeurs : l'économie et le respect des contrats qui sont les vertus cardinales du libéralisme. Elles sont en effet pour la plupart intentées dans des pays qui valorisent plus que n'importe quel autre le droit et le marché (Japon, États-Unis, Allemagne, Suisse, Australie, France).

La mémoire de la terre

Le droit distingue les biens meubles, c'est-à-dire mobiles, qui voyagent avec leur propriétaire, qui peuvent être enlevés, des biens immeubles qui, à l'inverse, sont rivés au sol[7]. Les biens meubles et immeubles vont poser des problèmes très différents.

S'agissant des immeubles, la terre garde la mémoire obstinée de ce que les hommes ont voulu oublier. Les actions en revendication de la terre constituent en effet une question centrale dans les pays « neufs » (Canada, États-Unis, Australie) dans lesquels la colonisation a atteint un tel degré qu'il n'est pas possible de revenir en arrière.

Les actions judiciaires sont engagées en restitution des terres ou en violation des traités qui en avaient reconnu la propriété à des groupes autochtones. Ces actions épousent une forme civile mais poursuivent une logique constitutionnelle jusqu'à mêler leur vocabulaire : le lien politique est perçu comme un contrat et la violence de l'histoire est métaphorisée comme une rupture de contrat. On y reconnaît l'empreinte du libéralisme qui se représente le monde et la politique comme une chaîne de contrats.

L'arrêt Mabo

Par une décision qui fit grand bruit en date du 3 juin 1992, la Cour suprême d'Australie confirma la propriété des aborigènes sur la terre australienne en rejetant la thèse de la *terra nullius* (de la terre vide) qui prévalait jusqu'alors mais qui, selon les termes de l'arrêt, « ne correspondait plus aux valeurs australiennes contemporaines[8] ». Cet arrêt est l'aboutissement d'une longue bataille juridique commencée en 1962, et qui reçut, en cours de route, l'appui du droit international qui condamna à plusieurs reprises la théorie de l'*empty land*.

Cette décision débouche sur une redéfinition profonde des fondations historiques, morales et juridiques de l'Australie[9]. Il va sans dire qu'elle sema un vent de panique dans la population blanche, qui craignit de devoir verser des indemnités pour toutes les terres illégalement occupées. Une lecture attentive de l'arrêt met cependant des conditions assez restrictives à l'usage de ce droit. La revendication ne peut en effet être satisfaite qu'à une double condition : que le groupe ethnique qui revendique la terre l'ait occupée d'une manière traditionnelle d'une part, et, de l'autre, qu'il ait exercé ce droit sans discontinuité depuis le temps de l'annexion. Cela restreint considérablement l'étendue du droit reconnu.

L'arrêt Wik précisa l'année suivante les conditions d'application de cette nouvelle jurisprudence. La cour estima que les droits des aborigènes résultant du *Native Title Act* n'étaient pas exclusifs de contrats de pâturage en faveur de fermiers blancs et que chaque situation devait être examinée au cas par cas. Certains reprochèrent à cette décision d'encourager les procès tandis que d'autres y virent une incitation à négocier. Quoi qu'il en soit, l'indemnisation de la spoliation des terres aux aborigènes est devenue un des thèmes principaux du débat politique australien.

Ces actions en revendication des propriétés immobilières témoignent d'un nouveau rapport à la terre issu de la fin du modèle westphalien. Le bon fonctionnement du système westphalien était tributaire de terres vierges, ou plus exactement appropriables. Après la décolonisation, l'appropriation des terres n'est plus possible : ce sont principalement dans ces pays « appropriés » que vont surgir ces affaires. La mondialisation naît lorsque l'on passe d'un monde plat, infini, où il reste des terres appropriables, à un monde rond, pour reprendre la figure de Kant, c'est-à-dire un monde plein, où chaque parcelle de terre fait l'objet d'une souveraineté.

Un droit de suite sur les meubles

S'agissant des biens meubles, c'est un « droit de suite » que vont exercer les actions en revendication. Celles-ci sont intentées aussi bien pour récupérer des objets cultuels que des œuvres d'art. Nos musées en France sont pleins d'œuvres pillées au cours de l'histoire. Si l'exaction s'est déroulée il y a longtemps, cela ne nous choque pas, en dehors de rares exceptions comme la polémique sur les frises du Parthénon entre la Grèce et la Grande-Bretagne.

L'affaire Goudstiker illustre la nécessité, pour rendre justice à ces milliers de Juifs spoliés, de contourner les règles de droit ordinaires qui peuvent opposer la prescription et l'acquisition de bonne foi à des propriétaires successifs. C'est ainsi que la Cour suprême des États-Unis a rejeté, le 30 octobre 2007, un ultime recours contre Elizabeth Taylor, accusée de recel pour la possession d'un tableau de Vincent Van Gogh[11]

La restitution de la collection Goudstiker

Jacques Goudstiker, l'un des plus grands collectionneurs d'art d'avant-guerre, périt sur un bateau qui l'éloignait des persécutions nazies (on retrouva dans sa dépouille la liste des 1 113 tableaux majeurs qu'il possédait, dont des œuvres de Filippo Lippi, de Rembrandt, de Vélasquez, de Van Gogh). Sept cent soixante-dix-neuf tableaux furent achetés par Göring en juillet 1940 ; la plupart des œuvres de cette collection furent dispersées et ne furent jamais retrouvées. Trois cent trente-cinq tableaux furent néanmoins restitués aux Pays-Bas après la guerre, qui en vendirent quelques-uns et en répartirent 267 dans leurs musées nationaux. La restitution de ces œuvres fut particulièrement complexe, tout d'abord parce que Göring avait payé ces tableaux et parce que ensuite, l'héritière de Jacques Goudstiker avait signé un accord avec le gouvernement hollandais au terme duquel elle renonçait à toute réclamation concernant ces tableaux (auquel elle ajouta un codicille exprimant « sa très grande insatisfaction » et qu'elle devait faire des « sacrifices extrêmement injustes »). En janvier 1998, les héritiers demandèrent la restitution de ces œuvres, à laquelle le gouvernement néerlandais opposa l'accord de 1952. Ils attaquèrent ce refus devant une juridiction néerlandaise qui se déclara incompétente pour censurer un acte de gouvernement et déclara en outre l'action prescrite. Le gouvernement mit en place néanmoins une commission qui étudia les demandes tableau par tableau. Après s'être réfugié derrière la décision de justice de 1999, le gouvernement néerlandais céda finalement et accepta, le 6 février 2006, la restitution de 202 œuvres à la famille « au regard de considérations éthiques et morales[10] ».

Cette restitution est la seconde en importance, après la restitution de 250 œuvres d'art à la branche viennoise de la famille Rothschild par le gouvernement autrichien en 1999.

suspecté d'avoir été volé par les nazis à sa propriétaire juive après son départ en 1939 pour l'Afrique du Sud. L'actrice soutenait que l'œuvre avait été revendue à deux galeries entre-temps[12].

Alors qu'il n'y a pas de divergences sur la signification de la terre – source d'exploitation économique ou sépulture des ancêtres par exemple – puisque l'action civile se place *a priori* dans une perspective économique, les controverses sur la nature des biens meubles sont récurrentes dans les actions en restitution. On songe au cas de Saartje « Sarah » Baartman, dite la Vénus Hottentott, momie d'une femme bantoue aux proportions extraordinaires, exposée pendant des années au musée de l'Homme à Paris. Elle fut réclamée par les autorités sud-africaines il y a quelques années pour y être enterrée dignement ; ce qui fut fait en 2002. Alors que des millions de visiteurs étaient passés devant elle en n'y voyant qu'un objet ethnographique, voici que pour d'autres, elle avait physionomie humaine : on a saisi tout à coup que l'on admirait un cadavre, celui d'une femme avec laquelle on partageait une même humanité, que cette difformité était la nôtre ; ce qui signalait la monstruosité de la différence devient tout à coup signe de la diversité humaine.

Plus récemment une affaire identique opposa la ministre de la Culture au muséum d'histoire naturelle de Rouen. Ce dernier avait décidé de restituer la tête d'un Maori momifiée et ornée de tatouages[13] aux Maoris de Nouvelle-Zélande, qui souhaitaient pouvoir donner une sépulture à ces restes d'un « guerrier mort au combat ». Le musée Te Papa de Wellington a été chargé par le gouvernement néo-zélandais de récupérer ces diverses têtes exposées dans les musées du monde, afin d'identifier la tribu d'où elles viennent et de les leur restituer[14]. Le ministre français attaqua la décision du musée de Rouen devant le tribunal administratif qui, le 24 octobre 2007, ordonnait la suspension de cette restitution au motif que toute pièce appartenant à une collection publique devait obéir à une procédure, et notamment suivre l'avis d'une commission scientifique. Ce à quoi la Ville de Rouen répondit que « la tête maorie n'est pas un élément de collection mais un vestige humain qui relève de la bioéthique[15] », et donc échappe à la loi du 4 janvier 2002 sur les musées.

Ces affaires témoignent de la divergence d'appréciation de la valeur – au sens fort du terme – d'un objet. Qu'y a-t-il de commun entre la revendication des aborigènes sur des objets sacrés, celle qui concerne des biens communautaires juifs en Autriche, et la réclamation d'œuvres d'art pillées au cours des conquêtes ? Elles sont inséparables de l'investissement des hommes dans ces objets. L'enjeu n'est pas seulement celui de la restitution mais aussi celui de la nature de l'objet. En circulant, les objets changent de nature : un objet sacré devient une œuvre d'art, une curiosité ethnographique redevient une dépouille mortelle. La restitution n'est plus seulement matière à querelle juridique : elle devient une épreuve de reconnaissance. Respecter l'autre qui est proche de moi, c'est respecter ce qu'il respecte, ce qui est sacré pour lui. Le sacré est un signe de la dignité retrouvée. Parce que les biens – meubles ou immeubles (songeons à la terre dans laquelle sont enterrés les ancêtres) – ne sont pas que des objets économiques : ils portent aussi la trace des personnes, et offrent en cela une prise tangible à la justice. Si le crime contre l'humanité a consisté à considérer les hommes comme des choses, sa réparation exige de respecter les objets que ces mêmes hommes ont consacrés, comme si cette capacité de consécration par l'affection ou la piété était la marque de leur dignité.

UNE BANALISATION DU MAL ?

Le droit civil est un droit objectif, à tous les sens du terme. Tout d'abord parce qu'il considère les objets et s'intéresse moins aux intentions, c'est-à-dire au subjectif. Mais aussi parce qu'il espère pouvoir introduire des rapports plus objectivés entre les parties, c'est-à-dire plus calculables, moins empreints d'appréciation subjective.

Tout doit pouvoir être converti en dette liquide et exigible

Ces actions en indemnisation du préjudice de l'histoire n'auraient probablement pas pris une telle ampleur si elles ne correspondaient pas au mouvement de la modernité qui tend à « financiariser » toute dette, y compris les plus profondes. « La dette tend à être totalement laïcisée, c'est-à-dire comptabilisée ; elle devient un problème technique [de technique juridique aussi bien que de comptabilité, pourrait-on ajouter]. Donner du prix sur un marché, c'est affirmer un monde contrôlé, strictement humain, fonctionnel. Pour toute perte, pour toute offense, pour toute faveur, il y a une réponse qui transforme la dette symbolique en dette financière. Le responsable du dommage ou de l'offense – ou bien sa compagnie d'assurances – paie parfois des sommes considérables et la dette est close. Jusqu'à l'oubli de la possibilité du mal[16] ». Il s'agit moins, en réalité, d'oublier la possibilité du mal que de croire que le mal politique, c'est-à-dire le mal dans l'histoire, pourra être traité de cette manière-là, comme n'importe quel autre problème de la société.

Ce n'est probablement pas un hasard si ces affaires naissent aux États-Unis, c'est-à-dire dans un pays protestant qui a poussé le plus loin cette laïcisation de la dette et cette financiarisation des relations sociales[17]. Ce qui a fait ses preuves pour l'économie doit pouvoir s'appliquer à des questions aussi politiques que l'esclavage ou le crime contre l'humanité. Puisse le marché nous sauver des vicissitudes de l'histoire !

Si l'argent vaut comme équivalent général dans les transactions financières, on lui demande aussi d'offrir des compensations dans des domaines qui « relèvent traditionnellement du domaine symbolique (compensation pour une souffrance, pour la perte d'une vie, pour une offense). L'argent tend à assumer tous les symbolismes, mais c'est aussi en forçant toutes les activités et toutes les évaluations à entrer dans le marché[18] ». Ces affaires d'indemnisation du mal dans l'histoire manifestent une tentative de pousser encore plus loin le mouvement de généralisation et de laïcisation de la dette qui a caractérisé la modernité. Mais au risque d'une redoutable contradiction : comment demander à la dette de libérer et à la fois de lier ? À la fois de signifier et de neutraliser toute signification ?

La nouvelle utopie politique dont se réclament ces affaires contient une identification du mal *a minima*[19] : la violence politique a certes des causes profondes et des conséquences incommensurables, mais elle est *aussi* un fait générateur de créances collectives. Et alors que jusqu'à présent ces faits historiques ont été traités comme des crimes ayant eu des conséquences civiles, il est proposé d'inverser le raisonnement et de les attaquer juridiquement *d'abord* comme des créances impayées.

La distinction entre les préjudices de l'histoire et les préjudices commerciaux s'affaiblit jusqu'à disparaître : les affaires d'esclavage peuvent être résolues par des actions de consommateurs. Ce n'est en rien une banalisation mais, au contraire, le meilleur moyen de les traiter : par le droit ordinaire comme s'il s'agissait de faits juridiques ordinaires. La matière historique et politique est déspécifiée, dans le sens où l'histoire est traitée comme un fait ordinaire. Par exemple, de graves violations de droits de l'homme sont abordées par le biais d'une action en publicité mensongère[20]. Tout l'art des avocats sera de trouver des moyens de droit commun dont ils demanderont l'application à des affaires historiques ou transnationales.

Une plus grande latitude au prix d'une moindre intensité morale

Une indemnisation civile peut avoir plusieurs fondements : soit celui de la responsabilité délictuelle, qui oblige quiconque a commis une faute à la réparer ; soit la responsabilité contractuelle, si les termes du contrat n'ont pas été respectés ; soit l'enrichissement sans cause, la répétition de l'indu, etc. Il est difficile d'être plus précis, ces actions étant engagées selon les lois de plusieurs systèmes juridiques, qui prévoient des règles différentes.

Ce qui est en revanche commun à tous les systèmes et propre à l'idée même de droit civil, c'est la possible désolidarisation de l'indemnisation et de la faute : il peut fort bien y avoir une responsabilité sans faute. Les assurances américaines indemnisent les descendants d'Arméniens mais sans admettre leur responsabilité[21]. On peut très bien imaginer que l'internement des Américains d'origine japonaise était une mesure de précaution nécessaire, donc non fautive, mais qui n'en entraîne pas moins une action en réparation.

Une qualification qui risque de dénaturer l'événement ?

Abraham Foxman, un militant des droits de l'homme qui a survécu au Génocide parce qu'il a été caché par une famille catholique, qualifia d'indigne, dans les colonnes du *Wall Street Journal*, l'action contre les banques suisses parce qu'elle faisait de l'argent le dernier mot de l'Holocauste. Cela souillait en outre la mémoire des victimes et c'était un prix trop élevé pour une justice que l'on ne pourra jamais rendre[22]. Il ajouta quelques jours après que ces actions banalisaient l'Holocauste, en faussaient la compréhension, « en laissant penser que les Juifs n'ont pas été tués parce qu'ils étaient juifs mais parce qu'ils avaient des Monet, des comptes en Suisse et des Stradivarius. Mais le fait est que seulement une toute petite, petite, petite, petite, petite partie avait des comptes en Suisse[23] ». Le choix d'intenter des actions en restitution sur la base des biens engendre des effets dévastateurs parce qu'il jette un doute sur la réalité même du Génocide : comme le rappelle Hannah Arendt, tout le monde était emmené à la chambre à gaz quelle que soit sa richesse. « Cette faute, contrairement à toute faute criminelle, dépasse et casse tous les ordres juridiques. [...] Tout aussi inhumaine que cette faute est l'innocence des victimes. Car l'état d'innocence de tous ces êtres devant le four à gaz (l'odieux usurier en effet aussi innocent que le nouveau-né car aucun crime ne peut mériter une telle punition), cet état d'innocence n'est le fait d'aucun être humain en général. D'une faute qui se situe au-delà du crime et d'une innocence qui se situe au-delà de la bonté et de la vertu, on ne peut rien faire humainement, ni politiquement[24]. » Ni, ajouteront certains, économiquement. Même si l'on peut tenter de chiffrer le préjudice matériel causé aux victimes juives, le préjudice moral, lui, n'est pas chiffrable. Non seulement les actions civiles paraissent inappropriées, mais elles risquent de brouiller la nature même du crime en le transformant en une affaire de comptes mal réglés. « C'est, ajoute Abraham Foxman, un aspect secondaire du Génocide, pas sa cause[25]. » En d'autres termes, le choix de passer par les biens pour faire rendre gorge aux complices du Génocide, c'est-à-dire de les attaquer par un biais en définitive secondaire, risque d'introduire une inversion identique dans l'opinion, et de faire perdre de vue l'essentiel.

Les victimes de comportements négligents ou imprudents, y compris l'exposition aux radiations, la pollution maritime par le pétrole, les erreurs médicales ou les maladies dues au tabac bénéficient d'actions civiles pour réparer ces drames, qui ne peuvent être réduits à de simples comportements nuisibles. Pourquoi les rescapés de la Shoah ne jouiraient-ils pas des mêmes recours civils que les victimes d'autres catastrophes dont la gravité n'a rien de comparable ?

La difficulté réside moins dans la justice civile que dans les attentes qui pèsent sur elle. Les critiques de Foxman ont du poids, à condition d'attendre de la justice civile une condamnation morale du Génocide, ce qu'elle ne peut et surtout ne doit pas faire. Il ne faut attendre d'elle qu'une décision technique, un maniement professionnel des catégories, c'est-à-dire un ensemble de fictions juridiques, et non une appréciation morale de l'histoire.

Le juriste utilise des fictions juridiques, ce qui n'est pas toujours compris par le *vulgum pecus* qui les prend au pied de la lettre : la question s'était posée à propos de l'affaire du sang contaminé où certaines associations s'étaient émues que les poursuites soient engagées sur la base de la loi de 1905 qui vise la mise sur le marché de marchandises avariées, plutôt que du chef d'homicide involontaire[26].

Il faut donc conserver à la justice civile sa technicité et son vocabulaire particulier qui font sa force. Cette relative neutralité morale doit au contraire être recherchée en tant que telle : la force des biens est de signifier sans trop engager personnellement. La dimension économique soulage un peu la relation d'un trop grand poids moral. Les biens permettent de prendre l'extérieur des personnes, sans s'aventurer à sonder les reins et les cœurs. À la différence du droit pénal, le droit civil ne concerne que leur *avoir* et non leur *être*.

UNE AUTONOMISATION DES RAPPORTS JURIDIQUES

Le droit civil caresse l'espoir d'une totale autonomie à l'égard du pouvoir politique. Les rapports entre personnes ou entre patrimoines sont censés se suffire à eux-mêmes : ils n'ont besoin ni de la politique, ni de la morale ; c'est pour Max Weber[27] le propre du droit rationnel d'un point de vue formel et matériel. La forme et la technique conjuguent leurs forces pour maintenir le droit positif à distance de la politique, du moins pour la tradition continentale (le rapport entre droit et politique n'est pas le même dans la culture juridique américaine[28]).

Cette autonomisation est recherchée parce qu'elle éloigne de l'attraction politique, des liens trop moralisés ou trop personnalisés. La modernité a substitué aux rapports de réciprocité entre alliés des relations de contrat entre citoyens. Elle cherche « à neutraliser les rapports d'obligation fondés sur les liens de parenté et sur les alliances pour imposer des obligations identiques pour tous, définies en fonction de l'acceptation de règles communes et de statuts publics, dans une communauté d'individus formellement égaux[29] ».

L'échange économique, dit Simmel, arrache les choses à leur signification affective[30]. Le droit comme l'économie médiatisent les rapports sociaux en distinguant l'*intention* (c'est-à-dire le fait de désirer le résultat d'une action, frapper par exemple) et le *mobile* (c'est-à-dire les raisons personnelles de la faire), la recherche du profit, qui donne la rationalité économique, et les préférences internes qui importent peu (ce pourquoi on veut gagner de l'argent). Le droit comme l'économie cherchent à faire fonctionner des systèmes d'échanges sans référence aux préférences, sans les subjectivités qui doivent demeurer étrangères au système (ni l'un ni l'autre n'ont besoin d'elles pour produire ses bienfaits – c'est-à-dire la prospérité pour l'économie et la paix pour le droit). L'idéal du rapport marchand comme du rapport juridique est donc de « déterminer le rapport des personnes aux objets sans mentionner le rapport des personnes entre elles[31] ». L'intérêt réciproque ou le contrat qui le met en forme, sont le moteur de la circulation des biens sans avoir à donner leurs raisons.

Le droit s'est affirmé historiquement pour supplanter les relations trop personnelles : pour permettre des rapports plus impersonnels et donc plus libres. Ce monde de relations se caractérisait par la contraction de dettes dont on ne pouvait se libérer par l'argent, la dette de vie mais aussi la dette de sécurité, c'est-à-dire donner la vie mais aussi la conserver, ce qui revient au même. Le développement des villes au Moyen Âge, comme le rappelle Max Weber[32], permit au bourgeois de se libérer du système féodal de la dette. Tout comme l'apparition de la monnaie. « L'économie monétaire est un système de dette, mais de dette mesurable, transférable et, dans cette mesure même, contenant une possibilité de s'en libérer[33] ». Cette évolution préfigure l'individu moderne, délié de toute dette et de tout devoir, qui a le sentiment de ne plus rien devoir à personne.

On comprend que le rôle du droit et de l'économie grandisse au fur et à mesure que les relations intersubjectives se distendent, et qu'ils occupent une place centrale dans la mondialisation, qui est une communauté d'étrangers. Mais, ce faisant, ils accélèrent la détérioration d'un lien primaire, de la *philia* politique pour Aristote ou de ce que Marcel Hénaff appelle la reconnaissance mutuelle[34], qui n'a plus besoin d'être exprimée par des dons ou par des échanges symboliques. La mondialisation qui affaiblit les États, en réduisant ce qui relève de leur souveraineté, et accélère en même temps la circulation des biens entre étrangers. Cette autonomie atteint aujourd'hui un niveau jamais égalé, les relations croyant pouvoir se limiter au droit et à l'économie.

Le droit et l'économie sont nécessaires pour libérer les échanges, pour limiter les interférences personnelles, faciliter l'enrichissement pacifique et donc augmenter la prospérité. Au risque de négliger ce qu'il y avait d'essentiel dans ce lien qui n'apportait pas seulement de la domination mais aussi de la cohésion, qui fondait une communauté humaine. Peut-on à la fois avoir ce qui nous libère de toute signification trop morale et politique tout en conservant une signification morale et politique ? Telle sera la contradiction dans laquelle se démènent les actions en indemnisation des préjudices de l'histoire.

Chapitre 4

LE RÊVE D'UNE « CIVILISATION » DU MONDE

Les actions en indemnisation des préjudices de l'histoire ont libéré l'imagination des juristes mais aussi plus généralement des militants d'une mondialisation plus juste. Elles ont en effet montré la force d'une action civile qui défie le temps (les actions enjambent les siècles et rouvrent un passé – même lointain – au jugement des contemporains) mais aussi l'espace (puisqu'elles réussissent à atteindre des entités étrangères en passant par-dessus les États). Pourquoi ne pas les utiliser pour combattre certaines injustices qui profitent du bouclier des frontières ? Pour atteindre, par exemple, ces multinationales qui s'enrichissent sur le dos des travailleurs de pays qui ne respectent pas le droit. Un tel rapprochement paraîtra incongru, voire hors de notre sujet : il a pourtant été fait par des juges américains en réponse à la demande d'indemnisation de l'esclavage.

Il faut donc continuer l'exploration de cet idéal de justice : après la criminalisation de l'histoire par les procès pénaux, vient l'espoir d'une « civilisation » du monde par des procès civils. Le rêve que poursuivent ces actions est de « civiliser » le monde, dans le double sens de le rendre moins barbare et de l'ouvrir à une plus grande influence du droit civil. Pour cela, le procès civil est supposé pouvoir s'agrandir aux dimensions du monde, et accompagner la mondialisation ; ces actions illustrent moins une mondialisation de la procédure – celle-ci reste typiquement américaine – que l'espoir d'une mondialisation *par* la procédure.

Ces actions civiles procèdent en effet d'un triple postulat : toutes les victimes peuvent se constituer parties civiles, en tant qu'elles sont parties d'un même tout, pour réclamer réparation de leur préjudice ; puisque leurs actions peuvent *indifféremment* se placer sur les rapports internes (le cas de la revendication de la terre en Australie par les aborigènes ou les *stolen generations*) ou internationaux (le contentieux des spoliations des Juifs entre les États-Unis et l'Europe), l'État n'est plus l'espace de référence ; ce qui préfigure et fait advenir les premiers linéaments d'un monde conçu comme un espace juridiquement homogène (qui est la condition *sine qua non* de la réalisation du droit civil).

DES ACTIONS JUDICIAIRES POUR PALLIER DES SYSTÈMES JURIDIQUES DÉFAILLANTS

Les affaires d'indemnisation des préjudices de l'histoire bouleversent profondément, on le voit, le droit positif, qui est intimement lié au modèle westphalien. Si le droit national n'est plus la référence ultime du droit, quelle sera la cheville ouvrière de ce droit mondialisé ? L'*action civile* qui occupe une place centrale dans cette anticipation d'un monde entièrement justiciable. L'identification du droit à un système de normes nationales s'affaiblit au profit d'un droit d'actions. L'action civile déplace le centre de gravité du droit d'un système statique de normes vers les acteurs eux-mêmes, ce qui est plus dynamique. Intenter une action civile exige de construire des acteurs collectifs et influera plus profondément encore sur le sens même de la justice qui ne doit plus être appréciée seulement d'un point de vue substantiel mais qui dépendra de la décision qu'ont prise ces acteurs (cela sera une source de divergence importante entre la perception de la transaction par les associations américaines et par les Suisses). À défaut de résoudre lui-même les problèmes, le droit civil offre une véritable instance de négociation en constituant et qualifiant des parties, en délimitant un espace de rencontre et en leur fournissant un langage commun.

Un droit qui vient de la base

Reprenons l'inventaire des vertus prêtées à l'action civile. Alors que le propre de la victime c'est d'être exclue de la relation politique et d'être purement passive (c'est d'ailleurs cette passivité qui la définit comme victime), au civil, le demandeur engage directement l'action devant un juge. Les règles de procédure fonctionnent dans ce cas comme *empowerment*, comme mise en capacité d'acteurs singuliers. Ces actions en justice qui sont le fait de victimes elles-mêmes, marquent une *initiative*, dans le sens plein du terme, c'est-à-dire le passage de la passivité à l'activité, qui est le premier pas vers la libération du carcan de la victimité.

En matière civile, la victime n'a pas à porter sa plainte devant une autorité comme le procureur au pénal : elle engage l'action elle-même. Les victimes jouaient déjà un rôle très important dans le procès pénal pour crime contre l'humanité en portant plainte, en s'associant à l'accusation et en occupant une place centrale dans le procès pénal : avec les procès civils, elles passent au stade supérieur en prenant elles-mêmes en main leur destin. L'action civile peut être autonome : le demandeur n'a plus besoin du secours de la partie publique en se constituant partie civile aux côtés du procureur ; alors qu'il était partie jointe au procureur dans les procès pénaux internationaux[1], voici que ce rapport s'inverse : c'est plutôt l'administration américaine qui vient au soutien des intérêts des associations juives dans l'affaire de l'indemnisation de l'Holocauste.

Le sens dans lequel se développe le droit civil n'est pas le même que pour le droit pénal. Alors que ce dernier agit *top down*, c'est-à-dire qu'il procède du pouvoir en direction des sujets pour leur signifier des interdictions, le droit civil croît plutôt à partir du bas en orientant l'énergie des parties en direction d'un changement politique : il est *bottom up*. La réalisation de ce droit est en effet moins tributaire de la puissance étatique que de l'imagination créatrice de quelques avocats et de l'audace de certains juges. Le droit civil poursuit une régulation par les acteurs plus que par le pouvoir : tous les acteurs, aussi bien ceux qui agissent (les banquiers et les *businessmen*) que ceux qui pâtissent, qu'il dote de moyens procéduraux.

Alors que le droit pénal est confiné par des frontières, toujours tributaire d'un concours de la force publique, le droit civil est un droit nomade, qui traverse les frontières avec autant de facilités que les *business lawyers* (qui sont souvent impliqués dans de telles actions). La procédure n'y joue pas le rôle de guide mais plutôt de cadre de départ en permettant de mettre en présence des acteurs de nature très différente : associations ou personnes privées d'un côté, entreprises, banques, sociétés de chemin de fer, compagnies d'assurances, musées et gouvernements de l'autre[2]. L'État n'intervient pas à visage découvert mais par l'intermédiaire de personnes privées et d'ONG, quitte à brouiller la différence entre les entités de droit public et les parties privées. Le monde a décidément perdu l'homogénéité que lui donnait sa structure westphalienne, et l'ouverture du procès civil à quiconque prétend avoir un intérêt à agir, permet au droit de mieux « coller » au terrain.

Un droit d'actions

Les affaires d'indemnisation de l'histoire sont donc à la fois productrices de – et produites par – un nouveau paradigme juridique centré sur l'action plu tôt que sur le système. Dans le monde westphalien, le droit prend nécessairement la forme d'un système juridique ou d'un ordre juridique[3]. Tout autre est la configuration d'un droit sous forme d'action qui inverse l'ordre de la production du droit : le système ne préexiste pas à l'action en justice mais, au contraire, lui succède. Le droit n'est plus assimilable à un ensemble de règles qui pourraient être mobilisées pour s'appliquer à une situation donnée. Il n'y a pas de système préexistant, c'est à l'inventivité des parties qu'il faut s'en remettre pour créer une action nouvelle à partir du droit national existant. Dans le contentieux de l'Holocauste, les demandeurs se sont emparés des possibilités offertes par le droit national – en l'occurrence les *class actions* – comme d'une amorce pour chercher la justice directement par des voies radicalement nouvelles. L'action en justice permet d'atteindre de nombreux objectifs extrajudiciaires par la mobilisation de l'opinion publique, par la pression sur les gouvernements, par la recherche d'alliés dans d'autres pays, tout en cherchant à obtenir la décision d'une juridiction ressortissant d'un pays respecté dans le monde et à l'économie puissante (comme d'une juridiction américaine).

Tout cela explique que ces actions sont *à fort rendement politique* : quelques individus peuvent, par leur pugnacité et leur inventivité juridique et procédurale, faire trembler des puissants. Ils obtiennent par la légalité ce que les terroristes obtiennent par la violence : l'action de quelques-uns produit des effets énormes, sans proportion avec leurs forces réelles, du simple fait d'avoir rencontré l'opinion publique ; d'ailleurs, comme les terroristes, les demandeurs se présentent comme les véritables représentants d'un groupe.

Le concept d'action conduit à revoir complètement notre vision du droit, à le penser de manière stratégique. Ces affaires sont engagées par des militants ou des *cause lawyers*[4]. La finalité de l'action civile n'est pas de mobiliser un droit préexistant mais de le créer en agissant : les actions de groupes contre les banques suisses furent une première, celles qui furent intentées contre d'autres pays – y compris la

France – étaient déjà rodées ; les actions intentées en réparation de l'esclavage ne parurent pas de ce fait incongrues, même si elles furent déboutées. La finalité de l'action c'est l'action elle-même : elle n'attend pas son salut d'un système juridique mais de sa capacité à conduire jusqu'au bout son action.

Dans ce droit fondé sur l'action, la limitation ne vient pas du territoire mais des cas d'ouverture[5] de l'action et de la procédure. Plus exactement, les limites ne viennent plus de la forme juridique ou de la clôture géographique du territoire, mais des obstacles procéduraux. Cela nous propulse dans un autre univers juridique, inspiré de la *common law*, qui fut longtemps un droit d'actions[6], dans lequel toute la virtuosité des avocats consiste à trouver la bonne action, celle qui conduira à un juge puis à une réparation – et tout le travail des juges est consacré à entrouvrir, parfois à refermer un peu, les portes de leurs tribunaux, sans jamais les fermer totalement.

DES ACTIONS QUI EFFACENT LA DIFFÉRENCE ENTRE L'INTERNE ET L'INTERNATIONAL

Le choix du droit civil est lourd de sens : il traduit dans la technique juridique l'affaiblissement du pouvoir étatique. Au civil, les parties ne peuvent qu'être privées ; ce point est capital pour comprendre que l'action civile est un moyen de contourner les fourches caudines de la souveraineté. Sa promotion correspond en cela à une émancipation des clôtures étatiques.

Pas plus que les limites temporelles, les frontières spatiales ne semblent pouvoir arrêter la justice. Le modèle westphalien, d'où nous sortons, reposait sur des clôtures : délimitation d'un territoire, clôture positiviste du droit qui y était applicable et prescription temporelle de toute action judiciaire aussi bien pénale que civile. Dans ce modèle, l'indemnisation d'un préjudice historique était très difficile à obtenir du fait de l'immunité de l'État, des contraintes formelles et des prescriptions strictes. Des associations représentant des intérêts particuliers – aussi respectables soient-ils – ne pouvaient intervenir dans des pays étrangers sauf à se conformer à la loi de ce pays. Or c'est cet ordre que les affaires de l'indemnisation de l'Holocauste ont bouleversé.

Cette forme de justice se veut totalement déterritorialisée. Ces affaires réalisent le projet cosmopolitique d'en finir avec les barrières territoriales lorsqu'elles dressent des obstacles injustifiés à la justice ; non seulement lorsque ces obstacles sont échafaudés par les dictatures pour se protéger (on songe notamment à l'amnistie), mais aussi lorsque des systèmes juridiques démocratiques, comme la Suisse ou la France, prétendent opposer tout simplement leur souveraineté juridique.

Une telle nouveauté ne peut se comprendre que par rapport au modèle précédent qui était celui décrit par Schmitt : celui de la clôture nationale et de la conquête, donc de l'appropriation. Pour Carl Schmitt, la localisation du droit dans un ordre concret était une condition[7] indispensable à sa réalisation. En ignorant les frontières, ces actions sont l'exact négatif du geste fondateur du droit qui est pour le juriste allemand, délimitation d'un espace pour y exercer une souveraineté[8]. Ces affaires offrent, en effet, le spectacle du processus absolument inverse : l'expropriation d'une partie de la souveraineté sur un territoire, du fait de l'extension de compétence d'un pays plus puissant (notamment en raison de ce que les Américains appellent les *long arms statutes*, c'est-à-dire des lois aux bras longs). Le territoire perd le monopole de la juridiction devant la multiplication de ces actions nomades et de ces droits passe-muraille.

D'une justice indépendante à une justice déliée de la politique

De tels bouleversements n'ont pu se produire que parce que ces actions ont réussi à neutraliser les traités d'État à État qui avaient réglé la question des réparations. Les actions judiciaires sur des bases civiles et non plus publiques sont parvenues à rendre le politique inopposable. Il est désormais imaginable de porter la réclamation de ces dettes un peu particulières devant n'importe quelle juridiction du monde, à n'importe quel moment de l'histoire, sans que le pouvoir politique puisse opposer un quelconque privilège de juridiction. Il est de plus en plus difficile à ce dernier d'opposer une fin de non-recevoir technique ou politique ; cela dépendra de sa puissance politique.

Les mécanismes mêmes de la démocratie, à commencer par la séparation des pouvoirs, privent l'exécutif des moyens de peser sur le pouvoir judiciaire. Souvenons-nous de l'embarras du gouvernement américain à qui les banques suisses demandaient de s'engager à ce qu'il n'y ait plus d'actions en justice après l'accord : comment le pouvait-il, puisque ce sont des actions privées qui ne font que mettre en œuvre un droit constitutionnel[9] ? La fonction du droit n'est plus, comme dans le modèle précédent, de limiter ces actions (dans le temps par la prescription ou dans l'espace par les clôtures du droit national), mais, au contraire, de libérer et de soutenir l'énergie revendicatrice des victimes.

L'ANTICIPATION D'UN MONDE UNIFIÉ PAR LA PROCÉDURE

Ces actions en réparation des préjudices historiques ont un lien direct avec la mondialisation, comme si les mêmes instruments qui servent à lutter contre la distance dans le temps pouvaient également servir à réduire les disparités de niveau de garantie dans l'espace. Nous ne sommes pas les seuls à établir un tel lien : il a été fait par des juges américains dans une décision très remarquée mettant fin à une demande d'indemnisation de l'esclavage par des descendants afro-américains.

L'affaire Nike

Une *class action* intentée aux États-Unis pour réclamer réparation de l'esclavage n'a pas abouti. Le premier juge débouta les demandeurs au double motif qu'il s'agissait tout d'abord d'une question de nature politique (*political question doctrine*) et que les demandeurs n'avaient pas d'intérêt à agir (*standing to sue*). La décision fut confirmée en appel[10] en laissant toutefois une fenêtre entrouverte pour une éventuelle action sur la base du droit des consommateurs. Les juges – deux ténors de l'école *law and economics* de Chicago[11] –

ont extrait de la plainte civile un argument auquel ils ont donné une grande importance. La demande visait en effet la loi de protection des consommateurs : n'étant pas informé de l'attitude des entreprises vis-à-vis de l'esclavage, les consommateurs risquent d'entretenir, à leur corps défendant, le crime dont ils sont victimes. N'étant pas informés, ils sont trompés par les producteurs. Acheter ces produits, c'est rémunérer l'injustice. Les juges emploient d'ailleurs une bien curieuse expression : le dommage vient de « l'achat de quelque chose qu'ils n'auraient pas acheté s'ils avaient su la vérité à propos du produit » (plutôt que de dire « la vérité à propos du producteur »). Tout se passe comme si le produit était pollué par l'action de son producteur voici plus de cent cinquante ans. Cet objet continue de contenir quelque chose de lui et de ses crimes, le travail non payé des esclaves réclame son dû dans ces produits. Et les juges de viser une affaire très importante : l'affaire Nike[12].

Dans le cadre d'une politique de responsabilité sociale, le célèbre fabricant de chaussures de sport obligea ses sous-traitants à signer un certain nombre d'engagements sociaux comme l'interdiction d'avoir recours à ces fameuses *sweatshops*[13]. En raison de doutes persistants sur la réalité de ces protections, l'entreprise ordonna un audit concluant à l'absence de telles pratiques. De nombreux rapports d'ONG faisaient état, au contraire, de conditions de travail désastreuses. Nike chercha à contrer ces documents par une campagne de publicité. Un militant, M. Kasky, attaqua alors la firme pour publicité mensongère de nature à induire le public en erreur sur la nature du produit vendu ; il vit son action en justice prospérer jusqu'à une décision de la Cour suprême de Californie. Pour la première fois, « la justice reconnaissait que les conditions sociales dans lesquelles un produit est fabriqué peuvent constituer un élément essentiel du contrat de vente, ce qui revient à reconnaître juridiquement les préoccupations des consommateurs qui s'expriment dans le cadre du commerce équitable[14] ». L'affaire se conclut finalement par une transaction aux termes de laquelle la célèbre entreprise, sans reconnaître expressément sa responsabilité, versait à une ONG la somme de 1,5 million de dollars.

En d'autres termes, pour les juges fédéraux, ce n'est pas sur la base d'un préjudice particulier causé dans le passé, pas plus qu'en raison de l'appartenance à un groupe de victimes, que de telles actions peuvent prospérer, mais au regard des droits du consommateur. Pourquoi ces actions seraient-elles réservées aux seules victimes ? Chacun peut en effet très bien ne pas être directement affecté par l'esclavage mais refuser néanmoins d'acheter des produits qui en tirent bénéfice.

Ce que les demandeurs ne pourront obtenir par le biais de la responsabilité civile pour faute, ils pourront l'obtenir par le droit des consommateurs. Cela actionne une arme peut-être bien plus redoutable pour les entreprises. La sanction sera moins d'ordre moral qu'économique : par le boycott ou la perte de réputation.

La décision est très conforme à la philosophie libérale qui hésite à reconnaître des responsabilités pour des actions commises par d'autres[15] : au nom de quoi, en effet, serions-nous tenus de réparer des actions que nous n'avons pas commises ? Toute cette justice est contenue dans l'échange et par le comportement des consommateurs. C'est à travers « ce qui circule entre nous », aujourd'hui – ce qui implique également de repérer ce qui ne doit pas circuler entre nous car étant dépositaire d'une valeur particulière –, que l'on peut réguler des rapports au passé.

Les actions en indemnisation des préjudices de l'histoire illustrent une nouvelle représentation de l'action politique sur le monde ; elles explorent un nouveau moyen de relever les défis auxquels est confrontée toute action politique, à savoir la distance entre les hommes et la difficulté de la coexistence, la violence et l'antagonisme des intérêts, l'accumulation du ressentiment et la nécessité de purger l'histoire du désir de revanche.

La finalité n'est plus seulement de terminer une action passée mais d'agir en temps réel pour pousser les acteurs économiques à anticiper les conséquences de leurs actions. La dimension préventive ne repose plus sur la menace de sanctions afflictives en référence à des principes éthiques, mais sur les lois de la rationalité économique, c'est-à-dire d'une baisse des profits. Son objectif n'est plus l'immobilisation des corps mais le contrôle de la circulation des biens, en passant d'une perspective disciplinaire à la visée d'un contrôle, d'une traçabilité[16]. Cette mobilité se retrouve dans les modalités juridiques de mise en œuvre : elles reposent sur l'action introduite par des personnes privées plutôt que sur une accusation émanant de la puissance publique.

L'objectif de ces actions n'est plus de poursuivre le mal radical comme pour la Shoah mais de traquer les injustices ordinaires, celles que la mondialisation rend invisibles comme les délocalisations de sa production pour une multinationale ou l'exploitation de l'inégalité des richesses. Le propre de ce nouveau défi n'est pas le mal en lui-même – à savoir l'exploitation – mais le fait qu'il s'opère en dehors de la sphère politique : c'est en cela qu'il est indissociable de la mondialisation ; celle-ci nous oblige à inventer des nouveaux moyens d'action politique aux dimensions géographiques du monde.

Le droit civil sert donc à lutter contre la distance dans le temps (dans les cas qui nous intéressent) mais aussi contre la distance dans l'espace. C'est ce qu'indique l'affaire Nike : dans le contexte de la mondialisation, le droit civil est sollicité pour organiser des liens qui échappent à toute autre juridiction et ne relèvent d'aucun État. Tout se passe comme si la responsabilité civile pouvait créer des liens juridiques, si fragiles soient-ils, entre des gens aussi étrangers que les travailleurs des *sweatshops* et les consommateurs américains. Les juges américains misent sur le droit pour servir de langage commun entre les peuples du monde, ainsi qu'entre les générations passées ou à venir. Le droit civil offre ainsi un instrument de construction d'une communauté juridique *a minima*.

Ces procès contiennent implicitement un scénario de sortie de l'injustice. Les actions en indemnisation symbolisent un espoir, elles indiquent la voie d'une possible amélioration du monde. Leur généralisation permettrait d'apurer un passif qui pèse sur les relations internationales (comme l'a rêvé la conférence de Durban). Ce scénario suit une trajectoire inverse de celle que proposaient les grands récits politiques : il ne s'agit plus de concevoir un destin mondial, auquel devraient s'affilier les peuples, mais de s'en remettre à une multiplication d'actions individuelles, qui peuvent être collectives mais seront toujours particulières. C'est désormais le particulier qui conduit à l'universel et non l'inverse. C'est par le droit autant que par la politique que l'on rendra les rapports mondiaux plus justes.

L'acceptation d'une juridiction commune transforme des rapports de domination (comme celles qu'exercent les multinationales sur leurs sous-traitants des pays pauvres), de conquête ou de pillage – en une relation juridique : voilà le processus qu'opère symboliquement le procès civil.

Mondialisation par les procédures

Le monde doit être ici entendu non pas positivement, comme un territoire uni par un droit commun – ce qu'il n'est pas encore –, mais plutôt négativement, comme un théâtre de violences. Auteurs et victimes des crimes de l'histoire sont réunis par une expérience commune, douloureuse et conflictuelle, que la justice met en scène d'une autre manière que ne le faisaient les relations internationales. Comme la justice pénale internationale, ces actions nous racontent la mondialisation, mais d'une autre manière. Elles mettent en récit la coexistence problématique des peuples. Ces expériences ne sont pas abordées en référence à une hypothétique idée d'humanité – comme dans la qualification pénale de crime contre l'humanité –, mais par leur aspect le plus prosaïque : la propriété et les biens.

L'espace d'expérience – c'est une autre nouveauté dont témoignent ces affaires – est désormais le monde, inséparable de ses craintes mais aussi de ses espoirs. Ce sont en effet les mêmes instruments qui sont mobilisés pour sublimer l'éloignement historique et pour vaincre la distance géographique ainsi que l'éclatement en une multiplicité de systèmes juridiques (qui est une des apories de la mondialisation). Le droit civil dépasse le seul traitement des préjudices de l'histoire et se fonde dans un projet plus global de « civilisation de la politique » comme on a parlé d'une criminalisation de la politique.

Le droit civil n'a de sens que dans un espace politique commun, celui qui est *sous* la souveraineté commune du droit. Mais alors que cet espace permet d'identifier des relations de droit, ici, c'est l'inverse qui se produit : ce sont les demandes qui font exister cet espace. Leur objectif est de rendre le monde plus civil, de le considérer par anticipation comme déjà unifié par le droit. Cette civilisation du monde résulte moins d'une mondialisation des procédures que d'une mondialisation *par* les procédures et le droit civil. Il en va de même pour ce qu'il est convenu d'appeler la responsabilité sociale des entreprises (RSE). Cette responsabilité n'est pas affirmée d'emblée, elle est déclarée par les juges suite à une action civile qui établit ce lien.

La dette crée la relation, et n'est pas créée par elle, à l'inverse des rapports ordinaires entre citoyens dans un même espace juridique pour lesquels était prévu le droit civil ordinaire. Il y a donc, dans ce sens-là, une inversion des rapports entre le droit civil et la politique. Non seulement le droit civil voit s'étendre son champ à des rapports historiques entre différents pays et différentes générations, mais il se voit chargé de significations nouvelles. Au risque, en précipitant l'unification du monde par des actions transfrontières, de mettre la charrue avant les bœufs et, pire, d'être perverti en s'offrant comme une arme au service du plus puissant au lieu de mettre les différentes parties à égalité devant une instance de raison.

Une solidarité objective (par les objets)

La voie civile permet aussi de contourner une des grandes difficultés du droit pénal international : celle d'arrêter les auteurs de violations de droits de l'homme ou les titulaires de pouvoirs dictatoriaux. On sait à quel point la justice pénale internationale est tributaire des arrestations. Mais puisque la matière du droit civil est l'argent et non les corps, une action pourra être intentée dès que des avoirs d'une entreprise – de l'argent – pourront être saisis ; ou, mieux encore, dès que les intérêts pourront être inquiétés, en avertissant les consommateurs des agissements passés ou présents du fabricant. Les consommateurs ne veulent peut-être pas que leurs enfants portent aux pieds des chaussures qui ont été fabriquées par d'autres enfants dans des pays en développement. Ils ne veulent pas enrichir une entreprise qui a participé dans le passé à l'esclavage ou à la déportation. Peut-être parce qu'ils craignent de devenir ainsi *objectivement* complices de ces crimes ; objectivement, l'adverbe est ici à prendre dans sons sens littéral, c'est-à-dire par l'intermédiaire des objets. Comme si ces objets contenaient toujours un peu de la peine de ceux qui les ont faits, qui n'a pu être effacée par un salaire décent.

C'est d'ailleurs le raisonnement proposé par plusieurs juges américains à propos de l'application de l'*Alien Tort Claims Act*[17]. Une tendance de la jurisprudence dans ce type d'affaires estime qu'il y a acte de complicité (*aiding and abetting*) lorsqu'une entreprise, en toute connaissance de cause, s'est enrichie ou a profité d'une matière ou d'une autre d'une violation massive de droits de l'homme. Il ne s'agit plus d'une complicité morale mais objective, qui advient par l'intermédiaire des biens, mieux : de l'intérêt qui en a été retiré. Si elle devait se confirmer, une telle jurisprudence conduirait à revoir la définition de l'entreprise, qui ne pourrait plus être qualifiée à la suite de Milton Friedman comme ayant pour unique objectif de gagner de l'argent.

L'argent qui tirait sa principale qualité de sa fongibilité et de son indétermination, joue en sens inverse : il pollue le système s'il est acquis grâce à ces complicités louches. C'est pourquoi il ne faut pas réduire ces actions civiles à une feinte, à un moyen plus aisé et plus souple pour arriver au même résultat que les procès pénaux, car elles correspondent plus profondément à une justice *par* les biens. Elles consacrent une certaine *autonomie* du monde des biens, qui ont leur mémoire, qui conservent des traces et offrent ainsi matière à justice. Leur but excède des objectifs pénaux en ce qu'elles prétendent rétablir un certain ordre du monde inhérent aux biens et au marché.

La mondialisation qui semblait consacrer la victoire de l'économie et du commerce au mépris de la politique et des droits de l'homme, se voit ainsi rattrapée par les droits de l'homme, mais de manière inattendue. Ce n'est pas par une organisation globale, par des normes de surplomb qui s'imposeraient, ni par un État surpuissant (ce qui n'est pas possible parce que les États sont, par nature, divisés) ; ce n'est pas non plus par des accords internationaux comme dans l'ordre westphalien, ni par des traités. Cet ordre économique voit son autonomie contrariée par sa propre logique financière et commerciale en raison même du comportement moral des consommateurs, donc de l'opinion.

La circulation des objets induit une *solidarité objective*, c'est-à-dire par les objets, et offre une prise à la justice par le truchement de l'idée de dette. Le lien entre la solidarité et le droit est alors inversé : elle n'est plus un préalable mais au contraire une finalité.

C'est la dette et la responsabilité reconnues par certains à l'égard d'autres, qui vont stimuler entre eux une nouvelle solidarité. Si le droit pénal stimule la solidarité par le spectacle de la peine et la réunion autour de la condamnation[18] ou par l'attachement à une même institution de parole (la solidarité discursive[19]), ici c'est par la médiation des biens que cette solidarité sera recherchée.

Ces demandes civiles – dont très peu aboutissent – ont pour effet de mettre en scène le lien entre le marché global et une justice qui cherche à se hisser à sa hauteur avec ses faibles moyens ; une justice qui combine la volonté d'apurer le passé, de solder les comptes et le souci de conférer une dignité politique au marché.

Chapitre 5

LA TENTATIVE DE DONNER FORME PAR LA DETTE AU LIEN POLITIQUE MONDIALISÉ

Ces affaires d'indemnisation témoignent de l'apparition d'un *nouvel espace politique qui est le monde*, le monde comme espace fini (il n'y a plus de terres à conquérir, ce qui exclut un certain type de relations) et comme référence (il faut organiser la coexistence humaine dans ce « monde plein »). La mondialisation – entendue comme la mise en présence des biens, des hommes et des cultures qui se fait sentir aussi bien dans les relations à l'intérieur des États que dans les relations à l'étranger – oblige à imaginer un nouveau mode d'habiter la terre. Le monde n'est plus uniquement un espace découpé entre plusieurs territoires, mais devient un espace politique en soi, qui influe directement sur le lien politique interne.

Le vocabulaire de la dette, et plus généralement celui du droit civil (la responsabilité civile pour faute, réparation, restitution, etc.) est utilisé comme métaphore pour relever les défis posés par les modifications rapides du lien politique. La difficulté à laquelle sont confrontées nos démocraties « tardives » est l'inverse de celle que rencontre le totalitarisme : la difficulté n'est pas celle du peuple-un, de la fusion d'une société avec son pouvoir, mais d'une société qui doit organiser la coexistence entre groupes différents.

Comment organiser politiquement ce nouveau rapport entre groupes qui auparavant se rencontraient, mais ne se reconnaissaient pas ? Pas seulement entre anciens ennemis qui se sont fait la guerre, mais aussi entre nationaux. La formulation de ces rapports en termes de dette s'étend en effet – c'est une des innovations de ces actions en réparation – aux relations entre personnes qui sont formellement concitoyennes. Aux États-Unis, les Blancs et les Noirs ont les mêmes droits, mais certains sont plus égaux que les autres parce qu'ils descendent des colonisateurs et que le pays a été pensé pour eux. Le vocabulaire de la dette est mobilisé moins pour obtenir de l'argent (on verra que c'est relativement rare et, lorsque des sommes sont allouées, elles ne sont la plupart du temps pas perçues) que pour se représenter ce qui excède le rapport politique formel, des injustices que l'on ne parvient pas à se figurer autrement. La métaphore de la dette sert à combler un vide politique, et à tenter de le réparer.

Les *stolen generations*

Stolen generations, générations volées... C'est ainsi que les Canadiens désignent les enfants retirés de force à leur famille indienne, en vue de leur donner une meilleure éducation. Les enfants étaient triés en fonction de la couleur de leur peau – les plus pâles étaient envoyés dans des familles blanches, les plus foncés dans des établissements.

Entre 1831 et 1998, un total de 130 pensionnats, la plupart du temps tenus par des Églises chrétiennes, ont « accueilli » des jeunes autochtones dans le cadre d'une politique d'assimilation forcée. Au début des années 1960, ces pensionnats constituaient un réseau financé par le gouvernement fédéral et géré par les Églises qui regroupaient 80 institutions fréquentées par plus de 17 000 élèves.

Des milliers d'enfants autochtones furent ainsi arrachés à leurs communautés, souvent pour plusieurs années, pour être « rééduqués », c'est-à-dire à la fois éloignés de leur culture traditionnelle et élevés selon les mœurs de la société chrétienne dominante. Ce chiffre est difficile à évaluer puisque les registres ont été détruits (ce qui n'est pas sans évoquer une caractéristique du crime contre l'humanité dans lequel la disparition des traces du crime est un des processeurs du crime).

« Au cœur de ce projet d'éducation persistait une sombre contradiction, voire un élément intrinsèque de sauvagerie dans les méthodes employées pour civiliser les enfants. Les termes mêmes dans lesquels était formulé ce projet révélaient ce que devait être la nature essentiellement violente d'un système scolaire qui attaquait les enfants et leur culture. La prémisse fondamentale de la resocialisation, de la grande transformation de l'état sauvage à l'état civilisé, reposait sur la violence. Afin de "tuer l'Indien au sein de l'enfant", le ministère des Affaires indiennes s'efforçait de trancher l'artère grâce à laquelle la culture se communiquait d'une génération à l'autre et qui était, entre parents et enfants, le lien profond soudant la famille et la communauté. À la fin, c'est-à-dire au moment de l'assimilation définitive, toute trace d'Indien devait être disparue chez l'enfant[1]. »

La discipline régnant dans ces foyers d'enfants était très dure et les châtiments corporels très fréquents. Les séquelles traumatiques du séjour dans de tels établissements furent dévastatrices : dénigrement de la culture autochtone, perte d'estime de soi et de toute compétence aussi bien parentale que culturelle (les deux étant liées), éclatement des familles, vies brisées. L'impact sur les générations futures se fait sentir aujourd'hui.

Des actions en justice furent intentées mais se sont vite avérées incapables de réparer de tels préjudices. La « guérison » (c'est le terme employé au Canada) passe d'abord par la reconnaissance des injustices du passé et par une volonté affirmée d'inaugurer de nouveaux rapports entre les Canadiens. C'est ainsi qu'en janvier 1998, un an après la publication du rapport de la Commission royale sur cette douloureuse question, le gouvernement canadien a adressé officiellement à tous les peuples autochtones du Canada, par la voie d'une déclaration de réconciliation, « ses plus profonds regrets pour les torts causés par des mesures les dépossédant de leurs terres et constituant des ingérences, parfois brutales, dans leurs relations familiales, pratiques spirituelles, cérémonies traditionnelles, structures de gouvernement et relation traditionnelle avec la terre ». Il a reconnu que le système des pensionnats a provoqué des souffrances personnelles qui perdurent aujourd'hui. Le gouvernement a par ailleurs affirmé aux victimes de sévices physiques et sexuels dans ces établissements que « ce qui s'est passé n'était pas de leur faute et que cette situation n'aurait jamais dû se produire ».

À la suite de cette déclaration solennelle, le gouvernement a institué la Fondation pour la guérison des autochtones, dont le budget vient d'être porté à 475 millions de dollars, chargé de financer jusqu'en 2009 divers projets de réhabilitation communautaires. Le 10 mai 2006, le gouvernement fédéral annonçait l'extinction de nombreux recours collectifs entrepris par les victimes autochtones, par une transaction s'élevant à 1,9 milliard de dollars. Cet accord, ratifié par les tribunaux le 15 décembre 2006, prévoit un règlement forfaitaire dit « paiement d'expérience commune » de près de 24 000 dollars à chacun des élèves des pensionnats indiens ouvrant droit à indemnisation, cette somme pouvant être augmentée en cas d'abus sexuels et de sévices graves. Ce même accord a établi une commission Vérité et Réconciliation.

S'agissant des terres, la réparation se réalise par de nouvelles ententes, telle la récente Paix des Braves signée par le gouvernement du Québec avec les Cris de la baie James, et par une plus juste interprétation des traités historiques.

Ajoutons à cela la reconnaissance constitutionnelle des droits ancestraux et issus de traités, survenue en 1982. La Cour suprême du Canada, qui a reconnu dès 1973 l'existence d'un titre autochtone sur le territoire canadien, tente de concilier les droits ancestraux et issus de traités avec la souveraineté canadienne.

Un autre pays pratiqua une politique analogue d'assimilation forcée dans des foyers pour enfants, et partage aujourd'hui les mêmes difficultés à réparer son passé : l'Australie. D'une manière générale, les actions judiciaires en réparation prospèrent dans des pays aux caractéristiques bien déterminées : États-Unis, Canada, Australie, Nouvelle-Zélande ; c'est-à-dire dans des pays qui ont en commun un même droit – la *common law* – , une histoire très similaire et une position géopolitique assez proche (si l'on excepte bien sûr les États-Unis).

LA RECONNAISSANCE DE DETTE, LA DETTE COMME RECONNAISSANCE

Les dommages de guerre sont aussi vieux que le droit international et, somme toute, peu visés par ces actions. Non seulement parce qu'ils étaient l'affaire des États mais aussi parce qu'ils visaient à réparer les dégâts matériels et économiques causés par la guerre. Les actions en indemnisation des crimes de l'histoire visent un préjudice d'une autre nature : moins le préjudice matériel que le mépris, le déni de reconnaissance. Réclamation d'autant plus ardente que la prise de conscience est récente (songeons à la colonisation).

Ces actions concernent la guerre, bien sûr, mais aussi le crime contre l'humanité et le génocide, l'esclavage, la colonisation, l'occupation ou des affaires particulières comme les expérimentations médicales.

À l'intérieur de la guerre – de la Seconde Guerre mondiale par exemple – les actions en indemnisation visent bien évidemment le génocide des Juifs d'Europe mais aussi des faits mineurs comparés à cet événement central, comme l'internement des Américains d'origine japonaise ou l'affaire dite des « femmes de réconfort » (coréennes, chinoises, néerlandaises, philippines), prostituées contre leur gré par l'armée japonaise d'occupation en Corée.

Une violence politique particulière

Chaque fois, c'est un type de préjudice très particulier qui est en cause. La violence spécifique du crime contre l'humanité vient de ce qu'elle s'exerce principalement contre des civils inoffensifs, qui ne participent pas à la réciprocité du combat[2]. Dans la spoliation des terres, on considère que ces terres n'appartiennent à personne : les habitants sont là mais on fait comme s'ils n'existaient pas ; ils sont transparents. C'est moins la violence positive (qui peut avoir une vertu de reconnaissance) qui est en jeu qu'une indifférence à autrui qui a permis de s'accaparer les biens comme s'ils n'appartenaient à personne, autrement dit comme si les propriétaires n'étaient pas des hommes. On passe des traités avec des tribus indiennes mais sans les respecter : ils ne sont même pas considérés comme des ennemis. Pour les Américains d'origine japonaise, c'est la suspicion d'être de mauvais citoyens, d'être des traîtres, d'être de faux Américains qui est en jeu : on est dans le registre de la fondation, c'est-à-dire dans le lien politique primaire, et non pas comme dans un préjudice normal. *Idem* dans les expériences sur la syphilis, les Noirs américains sont traités comme des cobayes, c'est-à-dire comme des animaux. C'est très différent d'une catastrophe naturelle, qui doit stimuler la solidarité d'une communauté politique, parce qu'il s'agit d'un mal qui frappe l'intérieur de la maison (c'est la raison pour laquelle le récit juridique, pour en rendre compte, ce que Francis McGovern appelle la « métaphore[3] », ne sera pas le même).

Ce sont donc moins les événements en eux-mêmes que les conséquences qu'ils ont eues sur les personnes, voire sur la relation politique, qui fournissent la matière de ces procès. Le dénominateur commun de cette liste assez hétéroclite, c'est un déni d'humanité qui va des formes les plus massives et violentes (l'Holocauste) aux formes les plus prosaïques (la prostitution)[4].

C'est pour cela que certains parlent de justice *reconstructive* : parce que l'enjeu n'est plus la distribution juste des biens, ni la correction des partages injustes mais l'admission des personnes dans un espace politique donné, c'est-à-dire le registre *constitutif* du politique. Un tel registre n'était pas ignoré auparavant, mais il était rendu évident par la force du lien national (dans le cas français notamment) et la force signifiante du territoire ; voici que cette dimension de l'identité est fragilisée par la mondialisation et l'évolution libérale des sociétés démocratiques, deux facteurs qui se renforcent mutuellement.

L'indemnisation comme tentative de sortir du déni de reconnaissance

La déportation, la colonisation ou l'esclavage se caractérisent aussi, parmi tant d'autres traits, par des spoliations, par des appropriations sans contrepartie, *c'est-à-dire sans dette*. La justice civile a pour horizon de transformer une domination de fait en relation de droit, et pour parvenir à cette fin, elle commence par prendre acte de la reconnaissance de cette dette, préalable – voire réalisation – d'une reconnaissance tout court.

L'application du droit civil présuppose un préalable : celui de se voir reconnaître la qualité de sujet de droit, c'est-à-dire entre autres celle de titulaire d'un patrimoine. Les esclaves étaient, rappelons-le, considérés comme des choses, c'est-à-dire comme des biens que l'on pouvait aliéner. Les biens du colonisé sont, par définition, appropriables car la qualité de sujet de droit, titulaire d'un patrimoine, ne lui est pas reconnue (on continue de s'interroger en Australie sur le point de savoir si les aborigènes ont le même sens de la propriété que nous...). C'est pour cela que ces actions constituent *en soi* une reconnaissance de la qualité d'être humain, de sujet de droit et de titulaire d'un patrimoine. Cette qualité partagée distingue les gens à l'égard desquels nous avons des obligations, des autres qui sont exploitables sans contrepartie.

Ce passage de la relation d'inimitié à une certaine forme de reconnaissance par l'intermédiaire d'une indemnisation est bien illustré par une récente décision de la Cour suprême d'Israël.

La Cour suprême d'Israël a décidé le 12 décembre 2006 que l'État devait indemniser les victimes civiles des opérations de Tsahal dans les territoires occupés. Les hasards du calendrier ont voulu que cette décision soit rendue le lendemain du refus par le cabinet Olmert de laisser entrer en Israël une mission d'enquête des Nations unies sur l'affaire de Beit Hanoun[5].

Une telle décision, dont l'impact financier n'est pas négligeable, opère une double médiation : entre les Israéliens et les victimes palestiniennes d'une part, mais aussi entre Israël et le reste du monde, en réaffirmant que le droit international humanitaire s'applique dans les territoires occupés. Cette fonction médiatrice de la Cour suprême est renforcée par le fait que l'action fut introduite par neuf associations de droits de l'homme. Les opposants à cette décision firent valoir qu'Israël était en guerre contre l'autorité palestinienne et qu'il serait absurde de devoir indemniser ses ennemis. La décision précise toutefois que l'indemnisation ne concerne que les civils non combattants, à l'exclusion des militants armés et, bien sûr, des terroristes.

La dignité du partenaire économique

Greta Deligdisch Beer, dont le père a disparu à Auschwitz, réclame l'argent déposé par ce dernier dans une banque suisse, mais elle n'est pas prise au sérieux. La banque pousse le cynisme et le mépris jusqu'à lui demander un acte de décès. Si le crime contre l'humanité consiste à nier toute valeur à un autre homme – y compris économique (on se souvient de ce que dit Hannah Arendt sur l'esclavage), c'est aussi par la reconnaissance d'une dette, justifiée économiquement, que se fait la réintégration dans l'humanité. Les *natives* ne mendient pas, ils ne parlent pas de leurs souffrances mais réclament leur dû. Et c'est dans ce dû que réside leur humanité. Ils réclament qu'on leur reconnaisse la dignité de partenaires économiques.

Ces affaires nous font découvrir la dimension civile aussi bien des violations graves des droits de l'homme que de la justice humanitaire. Les spoliations sont en effet le signe avant-coureur de violations plus graves comme en atteste le statut des Juifs sous Vichy[6]. La dimension patrimoniale du crime contre l'humanité, voire la violence patrimoniale, a été perçue postérieurement aux procès pénaux, alors qu'elle avait non seulement précédé mais grandement facilité la déportation des Juifs, les privant du droit d'utiliser leurs biens pour se protéger. C'est dire l'importance symbolique de ces affaires.

Ces affaires donnent au vocabulaire des droits fondamentaux un tour plus patrimonial et plus économique : la capacité prend un sens très concret, en tant qu'aptitude reconnue de conclure des actes juridiques, de détenir un carnet de chèques et de pouvoir passer des contrats ; la dignité se rapproche de la propriété, entendue comme possibilité de détenir un patrimoine ; la puissance d'agir se traduit très concrètement par le pouvoir d'intenter un procès. La liberté commence avec l'aptitude à posséder un compte en banque, à passer des contrats et à jouir de ses biens. De tels droits ne volent pas leur qualité de « fondamentaux » du moment qu'ils sont la condition de tous les autres.

Une nouvelle perception de l'oppression politique

La condition des Indiens assimilés de force n'est pas qu'un accident malheureux de l'histoire, il devient le paradigme d'une nouvelle oppression politique qui affecte, par-delà cette situation particulière, les femmes, les personnes internées, les minorités, bref un grand nombre de victimes actuelles. Reg Graycar[7] rapproche la situation des « nouveaux opprimés » comme les femmes ou les victimes de violences sexuelles, et la situation des *natives*. C'est le même vocabulaire de la dignité et de la reconnaissance qui est utilisé dans les deux situations[8].

Cette dialectique du mépris et de la réparation est au cœur d'un nouveau type de mouvements sociaux, apparus ces dernières années, qui n'ont plus principalement pour but l'augmentation de salaires ou un rapport de force direct avec l'État, mais la sécurité (suite à l'agression d'un machiniste par exemple) et qui, plus généralement, mettent en avant des « revendications de reconnaissance, de dignité et d'identité (*rights-based protests*)[9]. Ces conflits sont structurés par l'affirmation de la diversité de la société civile et par la volonté de cette dernière de participer plus directement au processus de décision et changement[10] ». Peut-être faut-il faire entrer dans cette catégorie les révoltes des banlieues françaises en novembre 2005 qui traduisaient, entre autres, un sentiment de relégation, d'abandon, mieux : d'*exil intérieur*.

Le registre de ces mouvements est en effet celui de l'identité, pas de l'identité personnelle, c'est-à-dire l'autodéfinition de soi, mais de la présence à une communauté politique. Cette *identity politics* témoigne d'une plus grande préoccupation pour la reconnaissance, au détriment de la redistribution[11], d'une problématique de l'être plutôt que de l'avoir, d'un souci pour l'identité plutôt que pour la liberté.

L'identification de nouvelles revendications avec la situation des *natives* canadiens n'est pas fortuite : elle montre le devenir du lien politique à l'heure de la mondialisation. Il semble inscrit dans le destin des pays démocratiques contemporains d'être confrontés à une problématique de l'intégration dans le sens fort du terme, c'est-à-dire d'une redéfinition du corps politique. Les nations nouvelles comme le Canada ou la Nouvelle-Zélande doivent incorporer les *natives*, les Maoris ou les Indiens, tandis que les vieux pays de l'ordre westphalien doivent, quant à eux, incorporer leurs anciens colonisés. Cela ne se fait pas de soi. Le décréter ne suffira pas.

Le défi du *lien politique mondialisé* est de faire exister dans une même communauté politique des descendants d'esclaves et des descendants de négriers, des anciens colonisateurs et des anciens colonisés, des fils de zélateurs de Vichy et des Juifs. Il faut donner chair à cette coexistence après un traumatisme historique. D'autant plus que la démocratie rend cette coexistence problématique en accordant des droits égaux, mais de manière abstraite. La démocratie se déstabilise elle-même, en augmentant la distance qui sépare ses dogmes et la réalité vécue. L'organisation de cette coexistence entre personnes qui entretenaient autrefois des rapports asymétriques (comme entre anciens colonisateurs et ex-colonisés) peut être qualifiée de mondialisée parce qu'elle est indissolublement liée à l'histoire du monde, aux migrations et aux conquêtes. Ce nouveau rapport au monde renvoie nécessairement à l'histoire qui a constitué des identités à la fois durables et meurtries. Il ne s'agit donc pas seulement d'une histoire du monde, des peuples au pluriel mais d'un nouveau rapport politique à soi. La liquidation de ce passé sur un plan civil semble être la condition pour continuer de vivre ensemble.

LA FIN DE LA CENTRALISATION DES DETTES DANS L'ÉTAT

Dans le modèle westphalien, l'État – caractérisé par la maîtrise d'un territoire clairement délimité – jouait un rôle central : parce qu'il uniformisait les rapports internes, tous les citoyens étant gouvernés par un même droit, et parce qu'il détenait le monopole de la représentation desdits citoyens dans leurs rapports avec l'étranger ; c'est en leur nom à tous qu'il négociait des dommages de guerre par exemple. Les actions en indemnisation manifestent la perte de puissance symbolique de l'État ; elles montrent que le territoire ne fait plus clôture et ne sépare plus aussi clairement les nationaux des étrangers, ce qui rend les rapports internes plus complexes ; en même temps qu'elles proposent, à travers la réclamation de la dette, une nouvelle mise en forme du lien politique.

Perte du monopole de représentation de ses ressortissants

L'idée de réparation après des guerres n'est pas nouvelle, loin s'en faut. Après la Seconde Guerre mondiale, des traités furent signés au terme desquels la plupart des États s'étaient engagés à ne pas réclamer à nouveau des dommages et intérêts.

> Les traités interétatiques furent contestés en justice. Lorsque des *class actions* furent intentées aux États-Unis par des travailleurs forcés recrutés dans des entreprises japonaises, le juge américain Walker débouta les demandes intentées par des prisonniers britanniques, australiens ou néo-zélandais au motif qu'un traité de paix avait été signé entre le Japon et ses anciens ennemis, au terme duquel les Alliés renonçaient à toute réclamation de dommages[12] en leur nom propre ou de la part de leurs nationaux pour les actes commis par le Japon pendant la guerre. Ces actes englobent donc les dommages possibles occasionnés par le comportement de l'armée mais aussi par celui des entreprises japonaises. Toutefois le juge n'exclut pas de recevoir des demandes émanant des travailleurs forcés chinois, philippins ou coréens. Tous les traités ne font pas obstacle à ce que des victimes se représentent elles-mêmes.

Ces affaires de réparation marquent un changement d'époque par rapport à l'après-guerre, où personne ne songeait à remettre en cause la vocation des États à représenter leurs ressortissants. Ce n'est plus le cas aujourd'hui, peut-être parce que les individus n'ont été en réalité que faiblement indemnisés sur une base individuelle. L'évolution de la sensibilité internationale est très visible : elle se construit en miroir avec la transformation des sensibilités internes. Les rescapés et les autres victimes du nazisme avaient été pratiquement oubliés par la diplomatie pendant un demi-siècle. La plupart de ces affaires n'avaient pas été tranchées mais abordées par un certain nombre d'actes juridiques internationaux, et notamment l'accord de Londres de 1952 sur les dettes de l'Allemagne. Il devient difficile aux relations interétatiques traditionnelles d'apporter une réponse efficace à ces demandes, c'est pourquoi de nouveaux acteurs, comme les ONG ou les avocats, doivent intervenir. Qu'elles qu'en soient les raisons, le fait est que l'État a perdu le monopole de la représentation de ses ressortissants dans leurs rapports avec l'étranger. C'est plutôt l'inverse qui se produit : le gouvernement américain soutient l'action des associations juives, tout comme les banques suisses représentaient la Suisse tout entière. L'ambiguïté de cette action civile à des fins politiques, c'est que de simples défendeurs individuels (banques, compagnies d'assurances ou entreprises) représentent malgré eux tout un pays. Ils sont assignés comme « sponsors », dirait-on aujourd'hui, ce qui conduit au sens profond de la responsabilité civile, qui engage le « sponsor », celui qui s'est engagé à répondre financièrement de l'action d'autres personnes.

Si l'État perd le monopole de la représentation, il est permis de s'interroger légitimement sur la *représentativité* des personnes qui lancent de telles actions, à commencer par les *class actions* américaines qui furent intentées par des associations juives composées d'Américains qui n'avaient pas été victimes directement de la Shoah. Ils n'avaient reçu aucun mandat pour cela et ont recherché les victimes ensuite. Peut-être purgeaient-ils une dette à l'égard de ceux qui avaient disparu (rappelons que les États-Unis ont accueilli pendant la Seconde Guerre mondiale autant de Juifs persécutés que la Suisse). Ces affaires d'indemnisation engagent en effet plusieurs générations. Le procès civil ouvre l'action aux parties directes mais aussi à leurs descendants.

Une telle représentativité autoproclamée n'est pas sans donner lieu à des dérives, surtout si ces *class actions* poussent à la négociation avec des puissants qui craignent pour leur image, avant même toute accréditation par la justice[13]. On peut très bien imaginer qu'un avocat dépose une plainte au nom d'une ONG plus ou moins fictive, uniquement pour alimenter sa trésorerie et se procurer une qualité pour transiger. Ces difficultés de représentativité se retrouvent tout au long de l'action, jusqu'à la distribution de l'indemnisation (comme l'ont montré les tensions internes à la communauté maorie à l'occasion de la distribution des indemnités[14]).

En passant du droit international public au droit privé, on passe des rapports interétatiques à des rapports entre groupes. De telles actions engendrent donc par nature la division, elles scindent la communauté en sous-parties, en groupes. Ce qui n'est pas en soi négatif : elles peuvent donner l'occasion à des victimes qui n'étaient que des collections d'individus (les Juifs pendant la Shoah, les esclaves par exemple) l'occasion de se constituer en groupe organisé et structuré, capable d'agir en justice.

Du sacrifice pour la patrie à la réclamation de dommages et intérêts

Ce dont témoignent ces questions de représentativité, c'est d'une évolution profonde de la composition du corps politique. L'entrée dans le corps politique se fait par l'individu en lui-même, et plus comme membre d'un groupe.

Parmi les nombreuses actions en responsabilité civile intentées contre les États en indemnisation de la guerre, l'une est particulièrement significative : il s'agit de celle qui fut lancée par d'anciens soldats qui demandaient réparation pour les dommages qu'ils avaient subis lors des opérations[15]. L'action en indemnisation pour un préjudice subi sur le champ de bataille manifeste une transformation profonde du sentiment de la dette à l'égard de la nation, et plus généralement du sacrifice. On se souvient de ce passage fameux d'Ernst Kantorowicz : « La froide efficacité pendant et après la Seconde Guerre mondiale, ajoutée à la peur de l'individu d'être pis au piège de soi-disant "illusions" plutôt que d'adhérer à des "vues réalistes", a éliminé les "superstructures" traditionnelles, religieuses ou idéologiques, à telle enseigne que les vies humaines ne sont plus sacrifiées, mais "liquidées". Nous sommes sur le point de demander au soldat de mourir sans proposer un quelconque équivalent émotionnel en échange de cette vie perdue. Si la mort du soldat au combat – pour ne pas mentionner celle du civil dans les villes bombardées – est dépouillée de toute idée embrassant l'*humanitas*, fût-elle Dieu, roi ou *patria*, elle sera aussi dépourvue de toute idée anoblissante du sacrifice de soi. Elle devient un meurtre de sang-froid, ou, ce qui est pire, prend la signification d'un accident de circulation politique un jour de fête légale[16]. » On ne saurait mieux décrire l'inversion dont témoignent ces affaires qui choisissent de traiter tous les événements historiques comme des accidents de la circulation.

Alors que pour l'approche traditionnelle, les victimes civiles prenaient le sens de martyrs involontaires pour la patrie, ces actions témoignent du processus inverse : les soldats sont traités et se perçoivent eux-mêmes comme des victimes civiles. Leur demande d'indemnisation par l'État signale la fin du sacrifice, qui était l'expression de la dette à l'égard du *corpus mysticum* de la nation. Cette dette se comprenait en relation avec la centralisation entre les mains du souverain de toutes les dettes de justice. Le modèle westphalien résultat d'un échange : l'État assurait la protection de ses citoyens qui, en échange, lui confiaient leurs dettes de justice pour venger les crimes dont ils étaient victimes. Il y avait dans ce modèle une convergence entre les mains de l'État d'une part d'une dette de vie due à la protection qu'il garantissait, des dettes de justice et donc de sang, qui se combinaient avec le monopole de la monnaie, ce qui permettait de dire que l'État centralisait les dettes. Or les affaires en réparation marquent la fin de ce monopole.

En même temps que l'État ne centralise plus les dettes inacquittables de l'histoire, il perd également le monopole de la vengeance, comme en témoignent ces actions qui sont lancées par des groupes ou par des personnes privées, le plus souvent contre d'autres groupes (la SNCF par exemple). Ce démembrement de l'action publique entre les mains de groupes est à rapprocher de la capacité reconnue aux individus d'acquiescer – voire de négocier – sur la peine avec le *plea bargaining* à la française[17], ou encore de l'apparition du pardon dans la procédure pénale sous des formes très diverses[18]. Alors que l'État moderne s'est construit en Occident en dessaisissant les citoyens, en monopolisant la vengeance et en excluant le pardon individuel (car lui seul s'arrogeait le droit de grâce), voici qu'il leur reconnaît le droit de se substituer à lui pour venger des crimes, de transiger, voire de lui réclamer le prix du sang versé pour la patrie : tout cela témoigne d'un remaniement de la croyance dans la puissance de l'État à signifier. C'est dans cet affaiblissement symbolique de l'État que la judiciarisation puise son ressort profond. Tout se passe comme si la perte de capacité symbolique de l'État était compensée par de nouvelles capacités reconnues aux citoyens.

Mettre fin aux différends dépend de la force symbolique, du crédit, de l'autorité des institutions. Or cette autorité, concurrencée par la nouvelle autorité des victimes[19], est gravement affectée dans nos démocraties. Les affaires d'indemnisation des préjudices de l'histoire témoignent d'un effondrement de la capacité symbolique de l'État qui n'arrive plus à « centraliser la dette de vie[20] ». Non seulement l'État ne centralise plus la dette de vie, mais il ne cesse de dire sa dette à l'égard des victimes. Cette perte de la puissance symbolique de l'État est corroborée par le phénomène de la repentance et des excuses qui se sont multipliées ces dernières années. Un État qui s'excuse admet une culpabilité, ce qui tranche avec le dogme « le roi ne peut mal faire[21] ».

Ce dont témoignent ces affaires, c'est du changement dans la manière de former un corps politique. L'entrée dans le corps politique se fait plus par l'individu – par un corps susceptible de souffrir – que par le citoyen. C'est pourquoi sa manifestation dans l'espace public se fait sous la forme de la plainte, jusqu'à transformer la communauté politique en un syndicat de plaignants. Mais ces plaintes concernent, dans le cas qui nous intéresse, non pas des affaires ordinaires mais l'histoire, c'est-à-dire l'origine de notre communauté politique. La revendication de dettes aussi bien à l'égard de l'État qu'entre groupes de citoyens pour des raisons historiques, introduit une distance interne inédite, qui heurte les tenants d'une conception républicaine. Lorsque l'État faiblit, ce n'est pas le vide qui apparaît mais les vieilles relations de vengeance ou de dette qui resurgissent entre les personnes ou entre les groupes.

LA DETTE COMME MISE EN FORME DE NOUVEAUX RAPPORTS POLITIQUES

Ces affaires annoncent une nouvelle « mise en scène, mise en sens et mise en forme[22] » de la coexistence humaine à l'heure de la mondialisation. Dans le modèle westphalien, la nation jouait un rôle symbolique essentiel jusqu'à s'abîmer dans un nationalisme incandescent. Son affaiblissement nous met au défi de bâtir un autre organisateur symbolique, aussi puissant, que l'on trouve peut-être dans le modèle de la dette.

Une formulation des rapports politiques dans le langage de la dette apparaîtra à certains un peu archaïque ; comme si l'affaiblissement symbolique de l'État, la dépressurisation à laquelle la mondialisation soumet les sociétés, se traduisait par une régression. Ces réclamations de dettes seraient une manifestation moderne de la vengeance, une sorte de vendetta de la mémoire.

Ces affaires révèlent une fragmentation de la communauté politique que connaissent toutes les démocraties modernes, à laquelle elles tentent de remédier. La compénétration de populations venues de cultures différentes, entretenant souvent entre elles des rapports complexes et anciens, est la conséquence de la mondialisation et de l'affaiblissement de la capacité isolante et signifiante du territoire. Elle est le fruit d'une évolution interne comme du contexte international. La mondialisation affecte ainsi, quoique de manière différente, aussi bien les rapports externes, c'est-à-dire entre des personnes, des biens et des cultures qui n'appartiennent pas à un même espace politique, que les rapports internes.

Cette déterritorialisation va de pair avec une déshistoricisation : l'histoire ne fait plus barrière[23]. Par exemple, la guerre de Sécession ne fait plus obstacle aux États-Unis à la formulation de demandes de réparation de l'esclavage auquel elle a mis fin. Tout se passe comme si toute la géographie et toute l'histoire pouvaient se donner rendez-vous à n'importe quel endroit de la terre à tout moment.

Déterritorialisation

Les actions en indemnisation doivent être analysées comme l'un des signes du remaniement anthropologique et politique que la mondialisation entraîne. Ce nouveau rapport au monde est marqué par la déterritorialisation, c'est-à-dire la perte de signification de l'espace, ainsi que par un nouveau rapport au territoire. Le territoire politique n'arrive plus à déterminer avec autant de puissance les relations entre les citoyens en son sein. Les liens qui unissaient le droit, l'État, le territoire, l'exclusion de la violence, la définition de ce qui était politique et de ce qui ne l'était pas, sont bouleversés par la mondialisation et la géopolitique actuelle.

Les territoires s'affaiblissent, non pas physiquement, mais dans leur capacité à déterminer des rapports entre les personnes. L'espace national distinguait les relations internes entre *amis*, desquelles toute violence était bannie et dont les conflits relevaient du droit civil ou pénal, des relations avec les *ennemis* régulées par la guerre plus que par le droit mais qui n'excluent pas la poursuite des échanges économiques. Mais il n'est pas possible de résumer la politique à la relation ami/ennemi car il en existe une troisième : celle avec les autres hommes comme les esclaves ou les colonisés, auxquels aucun droit ne s'applique – même pas les règles de la guerre – et avec lesquels seul le troc est possible parce qu'il n'y a pas de système de monnaie commun. C'est notamment l'espace colonial de l'hostilité, où les guerres sont illimitées et où l'appropriation se fait sans contrepartie.

À chacune de ces relations correspondait une relation juridique : la première était composée par le système juridique national aussi bien pénal que civil qui s'est affirmé avec la territorialisation des États en Europe au XIIIe siècle[24]. La seconde était médiatisée par les États sous la forme du droit international d'une part ou des relations commerciales de l'autre (c'est-à-dire qui ne contenaient aucune autre obligation : au contraire, le paiement exonérait de toute autre obligation cérémonielle, de tout autre engagement). La troisième était caractérisée par le non-droit.

À chacune de ces relations correspondait un territoire physique : au plus proche, dans le même territoire, les amis ; plus loin mais souvent sur le même continent, les ennemis. Enfin, plus loin, par-delà les mers, il y avait les autres. L'intensité de l'inimitié croît au fur et à mesure qu'on s'éloigne de la communauté d'appartenance. La clé de l'articulation entre les différents types de relations passait par l'État qui universalisait par le droit les relations des personnes vivant sur son sol. C'est en effet le droit qui est chargé de mettre en œuvre l'universalité des rapports entre les citoyens indépendamment de leurs origines, de leur classe sociale, de leur groupe[25]. Et par leur soumission sans exception à une même loi civile unifiée, *la dette s'uniformise et devient possible*. En effet, il n'y a de dette exigible devant une juridiction civile qu'entre personnes qui appartiennent à un même espace politique ; il n'y a de droit pénal qu'à la même condition. Les citoyens quittent définitivement les relations cérémonielles et les relations d'allégeance personnelle pour des relations plus individuelles et plus libres. La citoyenneté les délie de toute autre dette que juridique. Ces rapports internes se démarquent des relations entre les États qui obéissent au droit international, mixte de droit et de politique.

Les actions en indemnisation traduisent le trouble d'un monde dans lequel *ces trois types de relations ne correspondent plus à des espaces physiques différenciés*. Aujourd'hui, ces trois rapports s'entremêlent dans un même territoire : le rapport colonial se confond avec le rapport citoyen[26]. D'autant que la zone d'inimitié, de guerre, a quasiment disparu du fait de l'hyperpuissance américaine et de la menace nucléaire. On assiste aujourd'hui à un découplage de l'espace politique et de l'espace physique. On voit donc à l'intérieur réapparaître des relations d'hostilité – à l'égard des nationaux d'origine étrangère, des anciens colonisés –, qui étaient réservées jusqu'ici à des relations extérieures.

Une « désimplification » de l'identité interne

Les guerres européennes ne remettaient pas en cause l'idée de frontière, ni l'appartenance à une même culture européenne ou occidentale, jusqu'à la Shoah qui en marque l'effondrement. Le crime contre l'humanité comme les actions en réparation de l'histoire concernent ce troisième type de relations. Mais, à la différence des poursuites par la justice pénale internationale des crimes contre l'humanité, les actions civiles qui nous intéressent cherchent à purger ce type de violence par le paiement d'une dette. Le nouveau vocabulaire de la dette est le signe d'une évolution de l'identité interne confrontée au défi de construire des relations égalitaires avec des gens, comme les anciens colonisés, avec lesquels on entretenait auparavant des relations asymétriques. Le vocabulaire de la dette et les catégories du droit civil tentent de formuler cette altérité interne, et de proposer une voie pour la sublimer. Transformer le pillage ou la conquête, c'est-à-dire une acquisition sans contrepartie, en un jeu de dettes, c'est passer d'une relation de fait à une relation de droit.

Ces affaires cherchent à créer ce nouveau lien par la reconnaissance d'une dette, qui n'est bien souvent qu'une manière d'inscrire la question à l'ordre du jour politique. La réclamation de la dette n'est que l'indice de la volonté de sortir de cette relation d'hostilité, de supprimer le troisième type de relation – celui du déni de l'autre – de la surface de la terre.

La déterritorialisation interdit cependant de rêver à la résorption pure et simple de la relation d'hostilité dans la relation d'identité : elle commande plutôt d'inventer une nouvelle relation politique. La construction de cette nouvelle relation politique lance un défi aux démocraties contemporaines. Elles sont mises en demeure d'inventer un troisième terme qui ne sera plus l'identité d'une communauté politique liée par une même histoire et un même sol, ni de simples relations économiques d'échange. C'est donc un rapport original qui recombine les autres qu'il faut inventer : il ne se confond ni avec l'identité, ni avec l'inimitié – la guerre classique tendant à disparaître –, sans pouvoir totalement éliminer le souvenir de la troisième relation d'hostilité avec laquelle elle veut rompre.

La réclamation de réparation exprime à la fois la différence radicale des positions dans le passé – colonisateur/colonisé, bourreau/victime – et la volonté d'en sortir par l'apurement du passif. Si la volonté de faire société politique ensemble exclut le rapport d'inimitié, le rappel de la différence et le souci de les conserver en partie, ne serait-ce que par la mémoire, interdit de retrouver une relation d'identité comme celle qui prévalait dans le modèle territorialisé. Ce nouveau vocabulaire de la dette vise moins à instaurer des relations d'identité que de *reconnaissance mutuelle*.

La mutation du lien politique de la reconnaissance mutuelle est suffisamment débattue aujourd'hui[27] pour qu'il soit besoin de s'arrêter dessus : il nous incombe plutôt, après avoir identifié les espoirs et les enjeux que cachent les actions en réparation de l'histoire, d'en apprécier les chances de réussite, mieux : la viabilité. L'application des catégories de la responsabilité civile et de la dette à des rapports politiques peut-elle nous permettre de dépasser les apories de l'histoire et de rationaliser la mondialisation ? Cela sera l'objet de la deuxième partie.

DEUXIÈME PARTIE

Les contradictions d'une justice civile universelle

Chapitre 6

L'IMPOSSIBLE RETOUR AU *STATU QUO ANTE*

Après avoir, dans une première partie, disséqué les postulats implicites de ce nouvel espoir ouvert par les actions civiles en indemnisation des préjudices de l'histoire, nous proposons, dans une seconde partie, d'en montrer les ambiguïtés, les limites et les contradictions. Et pour cela, il faut repartir du noyau idéologique de ces actions : le rêve de pouvoir inverser les rapports entre la justice et l'histoire. Ce n'est plus l'histoire qui conditionne la justice mais, au contraire, la justice est créditée de la faculté de se hisser hors du temps, de s'abstraire de la condition historique pour faire comparaître l'histoire à sa barre, moins pour la condamner que pour la réparer.

L'ambition de réparer l'histoire comme n'importe quel événement de la vie ordinaire, comme « un accident de la circulation un jour de fête légale[1] », en utilisant les techniques de la justice civile, n'est pas aussi simple qu'il y paraît. L'indemnisation des préjudices de l'histoire se heurte d'abord à des obstacles pratiques : l'histoire peut-elle être considérée comme un fait dommageable ? Jusqu'où la justice peut-elle remonter ? Il faut d'abord recenser les obstacles de fait qui rendent une réparation judiciaire quasi impossible. Et, serait-elle possible, une telle indemnisation serait-elle juste ? L'examen attentif des situations montre qu'une telle transposition des catégories du droit civil aux rapports historiques est aussi séduisante qu'impossible à poursuivre jusqu'au bout. Le droit civil, en effet, traite les rapports privés en évacuant toute dimension politique, l'État étant ramené à une simple partie privée ; il estime que tout préjudice peut être compensé par une somme d'argent, il projette d'apaiser les rapports sociaux par le formalisme juridique, il nie l'écoulement du temps en cherchant le retour au *statu quo ante*.

LE RETOUR AU *STATU QUO ANTE* EST-IL TOUJOURS POSSIBLE ?

Beaucoup des actions intentées n'aboutissent pas parce que la restitution des biens spoliés ne peut se faire ou que l'indemnisation devient positivement incalculable en raison du temps.

L'objectif de la justice civile est de remettre, autant que faire se peut, les parties dans la situation qui était la leur avant la venue du fait générateur, et ce par l'intermédiaire d'une conversion de tout préjudice en une certaine somme d'argent. Cette opération est assez commune pour un événement récent – un accident de la route par exemple –, un laps de temps très court s'étant écoulé entre le dommage et la réparation. Le prix des véhicules comme la qualité des soins médicaux n'ont pas eu le temps de beaucoup varier. Il en va différemment lorsque le dommage est intervenu des décennies, voire des siècles avant, ce qui rend la reconstitution du *statu quo ante* presque impossible.

Le niveau de développement de l'Australie à la fin du XVIIIe siècle n'a rien à voir avec celui qu'elle connaît maintenant. Même si tous les Australiens ne bénéficient pas de la même manière d'un tel enrichissement, la condition des aborigènes d'aujourd'hui n'a pas grand-chose à voir avec celle de leurs ancêtres. Une telle variation affecte également les débiteurs de réparations : il était bien difficile d'exiger de l'Allemagne effondrée et divisée de 1945 quelque réparation que ce soit. À la différence de l'indemnisation civile où des fonds de solidarité[2] se substituent à un débiteur insolvable, dans la matière qui nous intéresse, la justice n'a d'autre choix que d'arbitrer entre les besoins du demandeur et les ressources du défendeur : c'est ainsi que la Hongrie, par exemple, n'a indemnisé les victimes du communisme qu'à la hauteur de ce que lui permettait son budget déjà très limité, c'est-à-dire très modestement[3].

Rebus stic standibus[4]... *la condition de stabilité de la justice civile*

Si je suis renversé par une voiture et dois passer quelques jours immobilisé, je peux prévoir la perte, l'estimer parce que les conditions politiques, économiques et juridiques sont stables. La stabilité économique et la sécurité juridique sont en effet indispensables pour se projeter dans l'avenir. Mais l'histoire est la matrice même de cette sécurité : c'est elle qui détermine les conditions de cette stabilité. Le cours de l'histoire modifie profondément le contexte social, économique et politique des biens qui doivent être restitués. Prenons un des exemples les plus célèbres : le traité de Waitangui.

Le traité de Waitangui

En 1840, un traité fut signé entre la Couronne britannique et les chefs coutumiers de Nouvelle-Zélande garantissant aux Maoris le droit exclusif et protégé d'utiliser leurs forêts, leurs terres et leurs pêches. Ce traité ne fut pas respecté par les autorités britanniques. Jusqu'en 1975, les tribunaux néo-zélandais rejetèrent toutes les demandes intentées sur la base de ce traité pour recouvrer des territoires. Mais, en 1975, l'orientation de la justice changea, et un tribunal fut spécialement institué pour examiner les affaires soulevées par son application, y compris les demandes d'indemnisation. En 1998, les tribus maories avaient déposé plus de 700 recours devant cette juridiction. La reine d'Angleterre a d'ailleurs fait des excuses publiques pour la violation du traité de Waitangui.

Comment indemniser les terres dévolues aux Maoris par le traité de Waitangui ? Depuis cent cinquante ans, ces terres, qui étaient des pâturages ou des terrains de chasse, ont été construites : on y a bâti des universités, des aéroports, des villes, comment les restituer ?

Pour pouvoir indemniser, la justice doit imaginer ce que la victime serait devenue ou ce à quoi elle aurait pu légitimement aspirer, afin de la remettre dans l'état dans lequel elle se serait trouvée si elle n'avait pas été victime (ce que les Américains appellent l'« histoire contrefactuelle[5] »). Cette opération pose des difficultés pratiquement insurmontables. Si ce qui doit être reconstitué est le fait de la nature (le temps de convalescence nécessaire à une opération, par exemple), il est possible d'inférer des conséquences de certaines causes : si cette blessure n'était pas intervenue, tel handicap ne se serait pas ensuivi. Mais *quid* lorsqu'il s'agit d'événements qui dépendent d'un comportement humain ? Les juristes français ont imaginé l'indemnisation de la « perte d'une chance » pour pallier cette difficulté : s'il n'est pas possible de dire si la victime aurait été admise au poste auquel ouvrait l'examen auquel elle se rendait lorsqu'elle a été victime de l'accident, il est néanmoins certain qu'elle avait une chance de le réussir. La justice va donc indemniser la perte de cette chance. Peut-on étendre ce raisonnement à deux siècles d'histoire ?

Il est très difficile – voire impossible – de dire comment les différents titulaires d'un bien se seraient comportés au fil des générations : auraient-ils fait les bons choix économiques ? Faut-il prendre en considération uniquement l'écoulement du temps : ne faut-il pas aussi tenir compte du dynamisme économique des parties en présence ? Ce dynamisme n'est-il pas lui-même induit par l'humiliation de la spoliation ?

Le marché redéfinit constamment la valeur de chaque bien. Dans un court laps de temps, cette variation n'est pas sensible, mais, sur un temps plus long, le marché modifie substantiellement les données économiques, et donc la valeur. S'il est possible d'isoler un bien pour en évaluer la valeur, cette opération ne tarde pas à devenir artificielle, voire fausse, tant la valeur est le fruit d'une interaction incessante et générale. Imaginons que dans un même espace deux propriétaires détiennent des parcelles de terrain voisines et comparables : l'une a été acquise normalement, l'autre a été volée à des autochtones. Le prix de la parcelle « propre » va être affecté par l'absence de prix auquel a été acquise l'autre parcelle. « Si quelqu'un se comporte mal, particulièrement dans le contexte du marché, l'injustice n'a pas seulement des effets sur la victime immédiate mais également des répercussions – par le mécanisme des prix (de l'offre et de la demande) sur tous les opérateurs du marché en question. Certains profiteront de l'injustice et d'autres en souffriront, et toute tentative de rectification – c'est-à-dire de remettre les parties en l'état – aura également des effets sur ceux qui n'ont pas commis d'injustice[6]. »

La réparation judiciaire est d'autant plus difficile que l'histoire n'a jamais une cause unique. Ce fut une des difficultés à la conférence de Durban[7] : est-il possible d'imputer le sous-développement actuel de l'Afrique *exclusivement* à la colonisation ? C'était d'ailleurs ce qu'objectaient les gouvernements européens : la pauvreté actuelle de l'Afrique est la conséquence de plusieurs facteurs, parmi lesquels bien évidemment la colonisation, mais il faut y ajouter l'instabilité politique, les politiques de développement inadaptées, notamment sanitaires, et les ravages de la corruption.

Ce qui est vrai en matière économique, en raison du caractère central du marché, l'est *a fortiori* en politique : l'histoire, elle non plus, ne s'arrête jamais, ce qui ne rend que plus artificielle la sélection et l'isolement d'un événement par la justice. Tous les événements de l'histoire n'ont cependant pas la même importance.

Préjudice dans *l'histoire et préjudice* de *l'histoire*

Peut-être faudrait-il distinguer selon que le préjudice peut être circonscrit dans le temps, et dans l'espace, ou pas. Le fait incriminé est-il un fait isolable du reste de l'histoire, bien délimité dans l'espace et le temps, a-t-il fait un nombre précis de victimes ; ou s'agit-il, au contraire, d'une constellation d'événements diffus, à l'interprétation discutée, qui a profondément transformé la situation jusqu'à devenir constitutive de la communauté politique ? S'agit-il, en d'autres termes, d'un phénomène particulier ou d'un phénomène général voire total ? Dans un cas, le préjudice causé est instantané, dans l'autre, il est au contraire « continu », pourrait-on dire en reprenant les catégories du droit pénal[8]. Peut-on traiter sur le même mode les préjudices *de* l'histoire – esclavage, colonisation par exemple – et les préjudices *dans* l'histoire, c'est-à-dire causés par des épisodes plus facilement délimitables, comme la prostitution de force des femmes de réconfort ou l'internement des Américains d'origine japonaise ?

L'internement des Américains d'origine japonaise, par exemple, résulte d'une mesure qui se rapporte à un événement plus grand : la Seconde Guerre mondiale. S'il est difficile d'indemniser les *natives* en général, il est en revanche plus aisé de chercher à réparer le sort des *stolen generations*, c'est-à-dire de ceux qui ont été placés de force dans des maisons de redressement culturel[9]. Les titulaires juifs de comptes bancaires suisses étaient en nombre fini même s'il était difficile de les identifier (en partie du fait des banquiers). Parmi les destins funestes des Indiens des États-Unis, l'affaire de Black Hills[10] peut être isolée : un traité avait été signé puis violé, et le droit prévoit des sanctions dans ce cas. À l'opposé, l'esclavage engageait plusieurs nations : il ne s'agit pas d'un fait isolé, mais plutôt d'un fait social total qui a des dimensions historiques, économiques, juridiques, géopolitiques et anthropologiques. Pourquoi les Américains devraient être les seuls à voir leur responsabilité mise en question ? Ils n'auraient pu opérer ces traites indignes sans le soutien d'armateurs européens, ni sans jouir de complicités dans les pays africains et arabes : ceux-ci devraient-ils être appelés en garantie ? Tous ont, à des degrés divers, bénéficié du commerce triangulaire.

Le préjudice *dans* l'histoire est plus facilement appréhendable par la justice parce que ses effets sont limités. Le préjudice *de* l'histoire est général et plus difficile à isoler parce qu'il n'a pas cessé de produire des effets qui sont devenus au fil du temps constitutifs de la réalité politique. Dans le premier cas, la justice cherche à réparer les effets indésirables de faits annexes à l'histoire, dans l'autre, elle est enrôlée dans un acte de rébellion contre l'histoire.

Dans un cas le préjudice est né d'un *fait* identifiable – l'internement dans des camps, les « femmes de réconfort » pour les troupes japonaises –, dans l'autre, on se trouve face à une multitude de faits qui s'enchaînent les uns aux autres, plutôt qu'en présence d'un événement isolable : c'est le cas de l'esclavage ou de la colonisation. Il faut donc distinguer entre les événements « clos » et ceux qui sont encore ouverts, vivants, où les injustices de l'histoire se sont transformées en discriminations. Dans les premiers cas, on reste *dans* l'histoire en quelque sorte : la justice tente de redresser un *side effect* de la guerre conçue comme développement de l'histoire alors que dans l'autre, il lui est demandé une remise en cause *de* l'histoire.

Cela ne revient-il pas à distinguer ce qui relève du registre de l'*avoir*, qui est de l'ordre du fini et du quantifiable, de ce qui relève de l'*être* de l'homme (visé dans la qualification du crime contre l'humanité) ou de la communauté politique comme groupe historique ? Le préjudice dans l'histoire pourrait être appréhendé par les juges, à la différence de l'autre qui ne relèverait que de la politique ?

Peut-on s'abstraire de la condition historique ?

Le propre du lien historique, c'est précisément d'être impossible à trancher parce qu'il modifie les avoirs de chacun mais définit aussi l'être des individus à travers leur communauté politique, qui est de nature historique. Ce fut une objection adressée aux demandeurs afro-américains d'action en indemnisation de l'esclavage : « Ces personnes, réplique Eric Posner, doivent leur existence – leur existence génétique unique et leur identité culturelle – au dommage historique qui a amené leurs ancêtres. Si l'esclavage n'avait pas existé, il n'y aurait pas eu de descendants d'esclaves[11]. »

Un tel dilemme n'est pas sans rappeler une controverse juridique qu'a eu à trancher la Cour de cassation française dans l'affaire Perruche, dans laquelle un enfant né lourdement handicapé réclamait des dommages et intérêts en réparation du préjudice d'être né handicapé (*wrongful birth*)[12]. Les opposants à l'arrêt, qui a accordé des dommages et intérêts, faisaient valoir que si la faute n'avait pas été commise, le demandeur n'aurait tout simplement pas vu le jour (et n'aurait pu plaider). Un autre exemple est le don d'organe : comment le receveur peut-il payer sa dette au donneur décédé sur lequel on a prélevé l'organe ? Comment évaluer un organe qui est devenu une partie de soi ? Il est aussi impossible de s'acquitter de la dette à l'égard du donneur d'un cœur que de vouloir dresser des comptes séparés pour les *natives* ou isoler ce que les ex-colonisateurs doivent aux colonisés de ce que ces derniers leur doivent. Le droit pénètre le domaine de l'être, où le temps a mêlé les sangs jusqu'à les rendre inséparables. L'identité des uns est devenue l'identité des autres.

Une telle séparation des comptes n'est pas possible à l'intérieur d'une même communauté politique qui mutualise les risques et les pertes (c'est le propre d'un budget national). Revenons sur l'indemnisation des Américains d'origine japonaise : ils furent indemnisés par l'État fédéral en dédommagement de leur internement pendant la Seconde Guerre mondiale ; c'est-à-dire, en termes économiques, par la communauté de tous les contribuables américains dont ils faisaient partie. Ils sont donc à la fois les financeurs et les bénéficiaires de cette indemnisation. La présidente de l'Université de Brown aux États-Unis, elle-même descendante d'esclaves, découvre les turpitudes de son institution dont elle doit s'excuser : elle est, en l'espèce, à la fois représentante des coupables et des victimes.

Est-il juste de tenir tous les Américains pour responsables de l'esclavage et de leur demander de payer ? Nombre d'Américains ont immigré après l'esclavage, qu'ils n'ont jamais connu : à quel titre seraient-ils tenus de payer pour ces fautes qu'ils n'ont pas commises ? En raison de la même solidarité qui les lie aux descendants d'esclaves.

Il est décidément bien difficile de distinguer entre individus d'un même groupe politique. Il en va de même pour les biens. Le propre de l'action politique est en effet de mutualiser une partie de ses biens, ce qui rend précisément très difficile une quelconque traçabilité. Le propre d'un bien commun, c'est précisément d'être alimenté par plusieurs sources et de les fondre dans une même unité comptable qui compense le passif et les actifs. De telles actions sont considérées comme antipolitiques par leurs détracteurs, car elles obligent à diviser, à séparer, à isoler, à individualiser ce qui est devenu commun, ce qui les rend suspectes de séparatisme social.

QUAND BIEN MÊME LE RETOUR AU *STATU QUO ANTE* SERAIT-IL POSSIBLE, SERAIT-IL JUSTE ?

Il est donc difficile, pour ces actions un peu particulières, de faire abstraction du temps comme le fait le juge civil dans des affaires ordinaires, parce qu'un long laps de temps s'est écoulé entre le fait générateur et sa réparation. Le temps ne pose pas seulement des difficultés d'ordre technique : il affecte l'idée même de justice.

Comment justifier la sélection des préjudices à réparer ?

La situation n'était pas idéale au XIXe siècle en Australie et les populations blanches ont aussi beaucoup souffert (à commencer de la justice anglaise qui les avait envoyées pour des broutilles dans ce voyage sans retour). Toutes les victimes de la dureté de la vie, des injustices de l'époque, ne sont plus là pour réclamer réparation. Pourquoi vouloir réparer certaines injustices de l'histoire et pas d'autres ? Certains pourraient se sentir frustrés, voire indignés par des réparations qui sembleraient établir une hiérarchie dans la souffrance et une distinction entre les victimes. Plutôt que la réconciliation, c'est au contraire la discorde qui en résulterait. Cette frustration est inscrite dans l'idée même de victimité qui oblige à distinguer entre les groupes et les périodes de l'histoire et qui génère *per se* une concurrence malsaine.

L'analyse contrefactuelle ne peut être que globale et elle perd beaucoup de sa pertinence lorsqu'il s'agit des cas individuels. Or la justice ne peut connaître que de cas individuels, le pouvoir politique et législatif se chargeant du général. La dimension collective modifie la nature de la réparation, qui n'est plus véritablement le rétablissement d'une situation particulière et originelle, mais devient la satisfaction apportée à la demande d'une des composantes de la communauté politique. Les sommes versées n'ont plus valeur indemnisatrice mais *redistributive* (indemniser les aborigènes, qui détenaient potentiellement toutes les terres de l'actuelle Australie, suppose un transfert d'argent massif). Est-il possible de réparer les injustices historiques particulières, affectant seulement une fraction du corps politique, sans bouleverser ce dernier dans son entier ?

Le temps transforme le fait en droit

Le temps influe sur la justice : soit en atténuant certaines injustices jusqu'à les rendre inattaquables en justice – c'est la « prescription extinctive » –, soit, en sens inverse, en conférant un titre juridique à une relation de fait qui dure : on parle alors de « prescription acquisitive ». Le droit civil français connaît une règle qui confère un véritable droit à celui qui se comporte en propriétaire d'un bien sans en avoir le titre. Lorsqu'elle attribue ainsi un droit, la prescription acquisitive – encore appelée techniquement « usucapion » – revient à faire « sortir du fait un droit nouveau[13] ». La justice peut-elle évacuer la peine et les risques pris par des gens qui, de surcroît, se croyaient propriétaires ? Le débat est aussi ancien que le droit romain[14]. Restons sur le cas de la terre : le droit de propriété doit-il se cantonner au titre formel de celui qui la détient ? Celui qui la met de bonne foi en culture (c'est le sens premier du mot « colonisation »), qui l'exploite, qui la valorise, n'acquiert-il pas lui aussi, au fil du temps, un droit sur elle ? Il n'est pas possible, en effet, de définir la propriété d'une manière exclusivement formelle : elle est constituée aussi de la relation entre un homme, ou un groupe d'hommes, et une chose. C'est ainsi que l'on peut justifier la prescription acquisitive : l'attention, la peine investies dans un bien créent au fil du temps un attachement que le droit prend en considération. L'effort fait par un peuple pour créer des biens collectifs tels qu'un aéroport, des écoles, des routes : tout cela mérite également d'être respecté, ces biens fussent-ils construits sur des terres qui ont été acquises de façon illégitime. La légitimité des premiers occupants reste entière, mais, deux siècles après, elle est seulement moins exclusive du droit des autres qu'elle ne l'était initialement : le temps n'a peut-être pas affaibli cette légitimité première, mais il a généré d'autres titres à disposer de cette terre.

À l'ère de la mondialisation, il n'est pas possible de faire abstraction du contexte global : la terre est devenue ronde et non plus plate. « Il y a deux siècles, un petit groupe d'aborigènes pouvait exercer leur domination sur un grand territoire prospère sans porter préjudice aux autres êtres humains. Aujourd'hui, des droits aussi exclusifs signifieraient que de nombreuses personnes seraient affamées alors qu'elles pourraient être nourries, que beaucoup seraient pauvres alors qu'elles pourraient avoir une vie digne[15]. »

Mais ce n'est pas uniquement l'écoulement du temps qui produit cette légitimité, c'est aussi la bonne foi des différents propriétaires qui se sont succédé. Aussi gagnerait-on à distinguer entre ceux qui ont directement commis ou subi la spoliation, de leurs descendants. L'action publique s'éteint, au pénal, avec le décès du coupable parce que les fils ne peuvent être pénalement responsables des crimes de leurs pères. Au civil, les choses sont plus complexes en raison de la permanence des biens et de la transmission de certaines actions en justice (on peut agir au nom d'un mort). Le critère de la bonne foi du demandeur est une condition essentielle de cette règle pour éviter de conférer une prime aux spoliateurs : ne peuvent se voir reconnaître un titre que ceux qui se sont comportés en propriétaires, en estimant l'être légitimement. Une terre a été prise illégalement à son propriétaire par un homme, elle doit être rendue, même par le fils de ce dernier... à condition que la spoliation soit perçue comme telle par ce dernier. Ce n'était pas, à l'évidence, le cas des colons américains ou australiens. La question change-t-elle lorsque plusieurs générations sont passées et qu'il ne s'agit plus du propriétaire ni de celui qui l'a spolié mais de leurs descendants ? La question ne peut être tranchée.

Pour le propriétaire légitime, la spoliation est traumatisante : une partie de lui-même, qui était investie dans le bien, est niée ; sa qualité de propriétaire et en même temps sa dignité de partenaire économique lui sont contestées. Il subit donc à la fois le préjudice de la spoliation et la peine du mépris. Le descendant qui n'a pu s'attacher intimement à cette terre, peut certes réclamer son bien, mais il ne peut arguer d'une relation qu'il n'a jamais eue. La séparation des deux composantes de son préjudice est-elle possible ? Pour nombre de revendications de terres – on songe aux aborigènes – s'ajoute une dimension identitaire, puisque c'est dans cette terre que reposent les ancêtres.

La sagesse pratique de la justice restitutive

Il n'est pas possible de mettre toutes ces demandes dans le même sac : certaines sont plus faciles à satisfaire que d'autres. Gardons-nous bien de déclarer une impossibilité de principe à réparer une dette de l'histoire, qui justifierait toutes les paresses et nous permettrait d'échapper à nos responsabilités. Les limites de la réparation judiciaire ne doivent pas décourager le juge de chercher à évaluer, de la manière la plus professionnelle possible, un préjudice, envers et contre tout. Par leurs insuffisances et leurs approximations mêmes, ces réparations nous donnent acte de la part d'irréparable de l'histoire. Irréparable parce que nous sommes dans l'histoire et que celle-ci ne s'arrête pas. L'esclavage a créé des disparités dans les richesses que le temps a rendues exponentielles, et peut-être irrattrapables.

Gardons-nous d'absolutiser la justice jusqu'à en oublier toute autre considération (*fiat justitia pereat mundus*)[16]. Gardons-nous donc de toute vision fondamentaliste du droit civil, exagérément rigide. Cette morale ne condamne pas à des compromissions avec la justice, mais appelle à une relativisation vertueuse (qu'est-ce que donc que la *phronesis* si ce n'est cela ?), une extension de la sagesse pratique aux rapports historiques.

Une approche conséquentialiste de la justice

La justice doit également prendre en considération les conséquences de ses décisions. Une interprétation trop stricte du droit de propriété, qui annulerait des siècles d'application régulière du droit (car ces possessions considérées aujourd'hui comme illégales ne l'étaient pas au moment où elles se sont mises en place) risquerait de générer de nouvelles injustices.

Raisonnons *a contrario* : imaginons qu'une décision radicale décide d'expulser tous les propriétaires non aborigènes d'Australie en raison des spoliations – aucune terre n'étant vacante et toutes étant nécessairement occupées par une tribu. Où iraient les millions de gens expulsés (qui sont ici, pour beaucoup d'entre eux, parce qu'ils ont été chassés par la guerre, la persécution ou la pauvreté) ? Ne risquerions-nous pas d'engendrer de nouvelles injustices, de provoquer de nouveaux désastres, de nouvelles spoliations ?

Quand bien même l'indemnisation serait-elle possible et juste, l'histoire serait-elle pour autant réparée ? Les actions en réparation de l'histoire ne rencontrent pas seulement des obstacles techniques dus à l'éloignement dans le temps ou à l'immensité du dommage : elles révèlent également les limites de leur postulat même, à savoir d'appliquer aux rapports politiques les catégories du droit civil.

Dépassement de l'histoire par la justice, dépassement de la justice par l'histoire

Les préjudices de l'histoire ont donc un statut à part, qui les rend inassimilables à des affaires ordinaires. Non pas seulement pour des obstacles techniques qui rendent leur évaluation particulièrement délicate ou en raison du dépérissement des preuves, mais aussi parce qu'ils nous obligent à repenser le sens de la justice. Pour Jeremy Waldron, la restitution ou le retour au *statu quo ante* ne suffisent pas à définir une réponse juste pour ce type de préjudices : parce que ceux-ci sont historiques (un grand laps de temps s'est écoulé) et politiques (il ne s'agit pas de faits ordinaires), la justice ne peut plus se limiter à se retourner vers le passé mais doit aussi considérer le présent et préserver l'avenir (plus que ne le fait la justice ordinaire). C'est ce qu'il entend par l'idée d'un dépassement (*supersession*) de l'idée de justice ordinaire appliquée à l'histoire. Ce dépassement résume à lui seul les liens particuliers entre justice et politique.

Dépassement par quel moyen ? Par une approche plus contextualisée (tenant compte de l'état du monde présent), mais aussi plus politique. La justice particulière – c'est-à-dire celle qui est mise en œuvre par l'institution judiciaire ordinaire – doit passer le relais à la justice générale, qu'Aristote[17] renvoie à une délibération politique. Seule une bonne politique peut nous sauver d'une mauvaise politique, parce que seule la politique nous permet d'intervenir dans l'histoire, c'est-à-dire de se projeter collectivement dans l'avenir. Nous avons moins besoin d'une justice qui indemnise le passé que d'une politique qui construise l'avenir ; et d'une justice qui oriente l'action politique future en assumant ses fautes passées et en proposant de lutter contre les conséquences délétères qui persistent.

Cette conclusion n'invalide pas les demandes de réparation ; elle ne veut surtout pas dire qu'il ne faut pas tenter de réparer ce qui peut l'être, mais qu'il faut se garder d'avoir une perception naïve – et surtout trop judiciaire – de la justice, comme s'il suffisait de transposer purement et simplement les critères de la justice civile ordinaire. Être de bonne volonté ne suffit pas, même si c'est une condition indispensable ; le seul désir de justice est impuissant s'il n'est pas réfléchi aux conditions particulières de chaque situation. Invoquer le droit pour soi de manière abstraite risque de conduire à un certain radicalisme de la mémoire, aveugle aux conditions aussi bien politiques que socio-économiques.

Pourquoi ne pas profiter de cette occasion politique non seulement pour réparer, ce qui reste une remise en état, mais pour améliorer la condition générale de tous ? Plutôt que de retrouver le *statu quo ante*, la justice historique devrait nous entraîner vers le *statu ad quem*, c'est-à-dire ce vers quoi nous devons tendre pour que non seulement de tels crimes ne se reproduisent plus, mais pour que leur réparation améliore l'état du monde.

Seule l'histoire peut rendre justice à l'histoire

Si l'histoire est l'enveloppe de toute action humaine, si elle est la condition de toute politique dans le monde, il faut en conclure que les hommes ne peuvent s'en extraire : seule l'histoire peut redresser l'histoire, non un tribunal. C'est d'ailleurs ce que répliquent certains Américains aux revendications adressées par les Afro-Américains descendants d'esclaves : n'avons-nous pas fait la guerre de Sécession pour faire cesser l'esclavage ? Que voulez-vous de plus ? De très nombreux Américains[18] ont payé de leur vie le prix de cette émancipation. L'Amérique a, de surcroît, mis en place des politiques d'*affirmative action*, c'est-à-dire de discrimination positive : c'est plus important que toutes les indemnisations que pourrait accorder la justice. Notre inscription dans l'histoire, poursuivent-ils, est indissociable d'une volonté de justice et nous avons fait le nécessaire : ce n'est pas à un juge de Brooklyn de se mêler de cela.

Chapitre 7

LES DÉRIVES D'UNE JUSTICE SANS TIERS

Les actions en réparation rencontrent une autre difficulté liée au milieu dans lequel elles évoluent la plupart du temps, à savoir l'espace global : l'absence de tiers. Réclamant justice d'une histoire violente dont les États ont bien souvent été les acteurs, elles contestent à ces derniers tout rôle arbitral. Où chercher alors le diseur de justice ? On mesure la difficulté de recourir au droit privé – droit qui réclame des conditions particulières, notamment de stabilité et de paix, et un minimum de références communes – dans un monde qui n'a pas (encore) de tiers. Une fonction tierce aurait pu être trouvée dans un exercice vertueux de la puissance de la part des États-Unis : cela ne fut, comme on l'a vu, malheureusement pas le cas[1]. Elle aurait également pu être déduite de critères de justice clairs et consensuels : encore eût-il fallu qu'ils soient exprimés, discutés et argumentés dans un jugement, mais la plupart de ces affaires se terminent par des transactions qui restent le plus souvent muettes sur leurs véritables motifs.

Cette difficulté inhérente à ces actions entraîne au moins deux conséquences : l'absence de tiers peut, tout d'abord, précipiter les demandeurs dans une revendication infinie, voire dans une concurrence malsaine et radicale, qui ne rencontrera jamais de tiers pour l'arrêter. Quand bien même cette confrontation aurait-elle été surmontée, elle risque de laisser subsister ensuite un doute que personne ne pourra lever, sur le sens des décisions arrêtées ou des transactions passées.

UNE DEMANDE INTERMINABLE

Les crimes contre l'humanité – c'est là l'une de leurs caractéristiques – sont imprescriptibles. En ce qui concerne leur traitement pénal, déclarer certains crimes « imprescriptibles » signifie que l'on ne pourra les amnistier à loisir, ni enfermer leur poursuite dans de quelconques délais. L'imprescriptible signale un hors-temps, c'est-à-dire une indisponibilité du temps. L'accusation n'est pas cependant illimitée dans le temps car elle reste suspendue à la vie de l'accusé. Avec sa mort, l'action publique s'éteint. Sur le plan civil, les actions en réparation ne subissent pas les mêmes contraintes temporelles : l'action n'est plus liée à la vie d'un suspect mais à celle des victimes potentielles, qui peuvent s'étaler sur des générations. D'autant que si les faits passés ne changent pas, la perception qu'on en a, elle, évolue. Les précédentes générations de descendants d'esclaves aux États-Unis n'avaient pas la même perception de leur condition que celles d'aujourd'hui. Jusqu'où remonter si les ruptures temporelles, comme la Révolution en France ou la guerre de Sécession aux États-Unis, ne sont plus perçues comme refondant de nouveaux rapports politiques ? Aussi longtemps que l'histoire reste vive, c'est-à-dire que l'on continue d'en ressentir les morsures, avanceront certains. Mais ce critère est éminemment subjectif, répondront d'autres.

De l'imprescriptible à l'interminable

À cette très grande longévité de l'action civile s'ajoute la diversité des fondements possibles de cette action. Le droit civil offre infiniment plus de possibilités juridiques pour justifier une action que le droit pénal. Pour mettre en action ce dernier, il faut en effet rapporter la preuve qu'une action interdite par la loi pénale a été commise. Avec le temps, les preuves se perdent et la mémoire vacille ; au civil, au contraire, c'est le préjudice qui crée l'action, à condition de justifier d'un fondement juridique légitime.

L'idée même de procès suppose un dénouement. Celui-ci apporte à tous – auteurs comme victimes – l'apaisement que procure le solde de tout compte, le sentiment que le temps a été purgé de son injustice. L'acte de juger comme acte de connaissance est déterminé par un impératif de sécurité juridique, c'est-à-dire par la nécessité de trancher définitivement une controverse (ce qui est inscrit dans le mot même d'« arrêt ») ; alors qu'il est dans la nature de l'histoire de reprendre indéfiniment les mêmes faits pour les réinterpréter.

Les demandes d'indemnisation, qui supposent de revenir sur des siècles de droits acquis, ne font-elles pas courir le risque d'une très grande insécurité juridique ? L'argument est souvent avancé par les opposants à de telles actions. Il est vrai que la possibilité d'anticiper les solutions juridiques – bonnes ou mauvaises – est une qualité essentielle du droit dont la fonction est de stabiliser les relations humaines. Si une action a été prescrite, il est dangereux de l'autoriser à nouveau, car cela risque d'ouvrir la boîte de Pandore. Si un traité met un terme définitif à des dommages de guerre, il faut s'en tenir là.

La combinaison de ces différents facteurs propres à l'action civile – auxquels il faudrait ajouter les ouvertures procédurales immenses qu'offre la mondialisation (et notamment les *class actions* intentées aux États-Unis pour débloquer des situations nationales) – risque de nous faire passer du régime de l'imprescriptible à celui – totalement différent, et bien plus préoccupant – de l'*interminable*. Nous passons d'un temps déclaré imprescriptible, c'est-à-dire indisponible, soustrait à la toute-puissance du politique, à un temps qui ne peut trouver son épilogue, à une injustice qui risque de n'être jamais délivrée du ressentiment qu'elle engendre.

Le glissement de la restitution vers la réparation, nous l'avons vu, indexe l'indemnisation non pas aux conséquences consolidées d'un événement échu mais à l'actualité de la souffrance. L'actualité de la souffrance, qui est l'une de ses principales caractéristiques, rend en quelque sorte le crime non plus seulement imprescriptible mais continu. Il ouvre droit à créances tant qu'il produit ses effets négatifs.

Une fondation israélienne se prépare à intenter une *class action* contre l'État allemand pour obtenir le remboursement des frais de traitement psychologique des enfants de survivants de la Shoah. « L'Allemagne est aussi responsable de la souffrance de la seconde génération », affirme Baruch Mazor, le directeur de la Fondation Fischer, en estimant que les sommes ne devraient pas dépasser les 10 ou 20 millions de dollars par an. Le gouvernement allemand ne l'entend pas de cette oreille, rappelant que le principe retenu par les traités internationaux en matière de réparation de l'Holocauste n'oblige l'État allemand qu'à l'égard des victimes directes du régime nazi. L'Allemagne a en effet déjà payé 64 milliards d'euros aux survivants de l'Holocauste. La Fondation Fischer préférerait un arrangement à l'amiable, mais n'hésitera pas à lancer une action en justice si nécessaire : elle n'a pas encore « choisi l'avocat, ni le pays dans lequel sera introduite l'action de groupe[2] ». Le décloisonnement des droits autorise en effet le *forum shopping*, c'est-à-dire la possibilité de choisir de porter une affaire devant la juridiction qui offrira le droit le plus favorable : pourquoi les victimes n'en profiteraient-elles pas elles aussi ?

Alors que le but de cette justice est de terminer l'histoire, comme on l'a vu, les règles du procès civil semblent jouer en sens inverse et rendre tout épilogue impossible. En ce qu'elle est adossée à un préjudice et donc à la souffrance, la justice civile risque d'être aussi victime de « présentisme ». Celui-ci est en effet défini comme un présent perpétuel, chargé d'une dette tant à l'égard du passé que du futur[3].

Il est en effet de plus en plus difficile de reconnaître le terme posé par une décision définitive. Le temps devient cyclique, il n'est plus structuré par des décisions définitives.

Ainsi des enfants, fruits de violences sexuelles de masse, perpétrées non par des soudards mais dans le cadre d'une politique concertée, pourront intenter une action tant qu'ils vivront. C'est le cas des enfants du programme *Lebensborn* : 8 000 enfants en Allemagne et 12 000 en Norvège furent conçus dans le cadre de la politique de purification de la race décidée par Heinrich Himmler pendant la Seconde Guerre mondiale, qui encourageait à procréer avec de purs Aryens. Ces enfants furent ostracisés en Norvège où on les accusa d'être pronazis, voire d'être porteurs de tares génétiques. Dans un règlement définitif en 2002, l'État norvégien les indemnisa à hauteur de 24 000 euros en moyenne. Mais certains de ces enfants (aujourd'hui âgés de 60 ans) venant de divers pays[4] ont intenté une action de groupe devant la Cour européenne des droits de l'homme en réclamant une indemnisation du double, soit de 50 000 euros par enfant. Ils espèrent ainsi obtenir du gouvernement norvégien, non seulement des dommages et intérêts, mais également une reconnaissance de leurs souffrances[5].

Un autre exemple de cette difficulté de terminer une affaire, de lui apporter un épilogue, est fourni par les récents procès contre la SNCF.

Un premier procès fut intenté aux États-Unis, selon la même formule que celle qui avait fait ses preuves pour les banques suisses. En septembre 2000, une *class action* fut intentée aux États-Unis contre la SNCF pour avoir transporté des déportés et s'être ainsi rendue coupable de complicité de crime contre l'humanité. La justice fédérale américaine a estimé le 5 novembre 2001 que la SNCF devait bénéficier de l'immunité réservée par la loi américaine aux États étrangers, en raison de son statut de monopole d'État. Cette décision fut confirmée en appel. Cela n'empêcha pas aux mêmes victimes d'intenter une autre action devant le juge d'un autre district, sur des fondements identiques.

En France, le 14 novembre 2001, certains membres de la famille Lipietz introduisirent une requête devant le tribunal administratif de Toulouse pour obtenir réparation par la SNCF et l'État, du préjudice d'avoir été déportés, qu'ils évaluent à la somme totale de 400 000 euros. Arrêtés par la Gestapo le 8 mai 1944, ils ont été acheminés par la SNCF de Toulouse au camp de Drancy les 10 et 11 mai, où ils restèrent jusqu'au 17 août 1944, date de leur libération. Il est reproché à la SNCF d'avoir transporté les Lipietz dans des conditions de confort et d'hygiène déplorables, et à l'État de les avoir internés pendant plus de trois mois. Pour prospérer, cette demande devait vaincre, d'une part, l'obstacle de la prescription et, de l'autre, celui de la continuité de l'État entre Vichy et la République[6].

Le tribunal administratif de Toulouse a condamné l'État à leur verser la somme de 40 000 euros et la SNCF la somme de 20 000 euros. Le tribunal ne mentionne pas le crime contre l'humanité mais constate que la déportation a constitué une « faute de service » (on retrouve le risque de banalisation par les termes techniques juridiques). La SNCF a interjeté appel de cette décision, à la différence de l'État qui l'a acceptée. Plus de 1 800 plaintes contre la SNCF ont depuis lors été déposées.

La cour administrative d'appel de Bordeaux a infirmé le jugement le 27 mars 2007, en estimant que, « alors même que des agents de la SNCF ont participé à des réunions techniques destinées à coordonner l'exécution de ces transports, les conditions dans lesquelles ceux-ci devaient être réalisés, soit notamment la détermination de la composition des trains, du type de wagons utilisés, de leur aménagement intérieur et de leur dispositif de fermeture, de même que le nombre de personnes transportées et les modalités de leur traitement étaient fixés par l'occupant et mis en œuvre par l'autorité de l'État ; qu'enfin les représentants allemands exerçaient le commandement et la surveillance armée des convois avec, parfois, le concours des forces de sécurité publique[7] ». L'affaire est pendante devant le Conseil d'État.

Cette action fut critiquée, notamment par Serge Klarsfeld, dont l'autorité morale en la matière est incontestable. C'est aussi le cas d'une autre figure, Michel Zaoui, qui a représenté les victimes lors des trois procès Barbie, Touvier et Papon, qui craint que de tels procès ne relancent encore pour des années la liquidation définitive du contentieux de la Shoah, ce que le procès Papon aurait dû faire. « Ce n'est pas une victoire de la mémoire et de la piété, s'exclame Michel Zaoui, mais un triomphe du ressentiment qui, lui, est destructeur et parfois choquant. C'est le ressentiment, en effet, qui nourrit chez les victimes le refus d'admettre que la phase judiciaire est terminée[8]. » Même écho chez l'éditorialiste du *Monde* qui craint que l'effet de telles procédures soit l'inverse de celui recherché et qu'elles finissent par banaliser la déportation qui risque de devenir « un terrain, presque parmi d'autres, d'exercice de la "judiciarisation" de la société[9] ». Ces procès sont suspectés d'entretenir le temps vif de la plainte et de retarder d'autant le temps de la mémoire.

DES TRANSACTIONS AMBIGUËS

On pourrait imaginer que lorsque les parties sont parvenues à un accord, cette inquiétante spirale cesse et que l'on se dirige vers une paix définitive. Ce n'est malheureusement pas le sentiment qui se dégage des quelques affaires qui ont débouché sur une indemnisation. Celles-ci sont le plus souvent le fruit d'une transaction qui s'accorde certes sur un montant mais demeure ambiguë sur la signification des versements et reste muette sur les critères de justice retenus. Puisque le procès judiciaire n'a pas lieu, il ne peut remplir sa fonction cathartique de purgation des passions, ni sa fonction argumentative qui résulte de cette « cérémonie de langage » ; la transaction ne peut prétendre à une même force symbolique.

Le contentieux de l'Holocauste semble ainsi à première vue avoir été couronné d'un incontestable succès puisque des sommes astronomiques ont été arrêtées, puis versées. Il a laissé néanmoins un goût amer qui peut s'expliquer tout d'abord par le rôle prépondérant qu'ont joué les États-Unis. Cette influence américaine ne pouvait-elle pas être considérée comme un moindre mal, rapporté au bien qu'elle a procuré ? Encore eût-il fallu que sa quête de justice fût perçue comme telle, ce qui était rendu difficile par l'absence de critères clairs.

L'absence de critères objectifs et incontestables

Le recours à un rapport de force extra-juridique introduit un doute sur le résultat de ces affaires :

s'agit-il d'un dû ou d'un don ? Ces sommes étaient-elles justifiées ou furent-elles imposées ? Cet argent était-il politiquement mérité ou juridiquement fondé ? Toute la tension de ces actions civiles en réparation des préjudices de l'histoire est dans cette question indécidable, tant ces deux dimensions sont inséparables. Le choix d'un argumentaire juridique, et plus encore civil (de restitution, de réparation d'un dommage mais sans nécessairement d'imputation *morale* à l'auteur) mais à des fins politiques – recourant au besoin au rapport de force –, condamne à une hésitation permanente entre ces deux foyers de sens.

Dans l'affaire des banques suisses, l'énormité des sommes allouées contraste avec l'absence quasi totale de critère juridique pour en décider le montant. Ce n'est ni l'évaluation du préjudice causé aux descendants des clients spoliés de ces banques, ni même la mesure des besoins des rescapés ou des travailleurs forcés, qui ont déterminé ce montant. Cette somme a été fixée à l'issue d'âpres négociations dans lesquelles sont intervenus bien d'autres facteurs, à tel point que l'on est en droit de se demander lequel a prévalu. « En l'absence de preuves, écrit Eizenstat, cette somme allait devoir être déterminée par un marchandage serré et non par des calculs objectifs. Le concept de "justice sommaire" (*imperfect justice*) lui-même était une nouveauté, une nouvelle théorie face à ce qui était en réalité une négociation politique et non l'application du droit. Dans n'importe quel procès normal, les plaignants doivent établir un lien clair, une relation directe avec la partie à laquelle ils réclament des dommages et intérêts[10]. »

Les sommes transigées ne répondent à aucune évaluation un tant soit peu scientifique (que l'on attendra en revanche de la commission Volcker). On est dans la pure politique. Stuart Eizenstat doit faire l'aller-retour entre les banques suisses et les avocats américains, et on a l'impression que c'est seulement le consentement de toutes les parties qui justifiera l'accord. Ce qui, dans la culture américaine, n'est pas choquant.

Des contestations sur le sens de la transaction

La transaction est considérée comme une forme ordinaire, voire souhaitable de justice dans la culture américaine ; elle a beaucoup moins bonne presse dans la culture française. Elle est difficilement exportable si les parties ne partagent pas un même sens de la justice, sens qui demeure le plus souvent implicite. Ce sens de la justice est néanmoins essentiel pour que chaque partie ait le sentiment que justice lui a été rendue. Par la transaction, l'individu se fait tiers à lui-même.

Dans un système qui évolue en dehors de toute règle, qui innove, qui prétend inaugurer un nouveau type de justice, la justice ne réside pas seulement dans l'application de la loi mais dans la transaction elle-même, c'est-à-dire dans la loyauté de l'accord entre deux partenaires libres. On ne peut comprendre véritablement la transaction – qui est si fréquente dans ces affaires d'indemnisation – qu'à la condition de la rapporter à la légitimité dont jouit l'individu dans la culture américaine : il prend ses responsabilités et connaît mieux que quiconque où se trouvent ses intérêts. C'est la même légitimité qui permet d'agir et de mettre fin à l'action sans renier pour autant la justice.

Une telle ambiguïté sur le sens de la justice est inhérente à la justice civile : celle-ci n'est pas d'ordre public comme le pénal. Alors que dans le déclenchement d'une action pénale, la victime est rapidement dessaisie de sa plainte, les demandeurs de ces actions cherchent à être dessaisis le plus tard possible, voire à ne jamais être dessaisis. Par leur acceptation d'une éventuelle transaction, ils détiennent le sens de la justice. La décision sera juste si les parties en décident ainsi. À condition d'être absolument libre, cette nouvelle conception de la justice doit aboutir à une réflexion sur la transaction, considérée comme une véritable forme de justice.

La faiblesse de ce modèle de justice, qui repose sur l'action et la construction d'acteurs, réside dans l'inégalité des parties. Le procès civil risque de reproduire les rapports de force, puisqu'il est pensé comme un affrontement entre deux parties. Le risque de la *privatisation*, c'est que le rapport de force inégalitaire amène le plus puissant à acheter l'adhésion du plus faible. On songe par exemple à l'accord entre Total et quelques victimes birmanes[11].

Une même incertitude plane sur l'objectif poursuivi par l'Accord global : il visait, bien évidemment, l'indemnisation des victimes de spoliations dans la perspective d'une justice correctrice. Mais la dimension punitive n'était pas absente non plus. Il fallait « faire payer » le comportement ignominieux des banques – et il l'était de toute évidence. Cette fonction rétributrice fut parfois explicitement assumée par les acteurs. Les crimes du business doivent être réparés par de l'argent, et les sommes prennent l'allure d'immenses *punitive damages*.

Ces affaires se sont émancipées de la forme juridique. Mais c'est la même forme juridique qui donne à l'action sa légitimité. D'où un risque de surenchère permanent (que l'on a d'ailleurs constaté à l'intérieur des organisations demanderesses), et de tergiversations infinies sur le sens des transactions (que l'on a également constaté), voire de discussions sans fin sur l'opportunité et la justice de ces actions. Il n'est pas possible en effet de mettre un terme définitif aux différentes interprétations. Le risque d'un doute infini sur la justice ternit ces actions tout en étant la contrepartie de cette émancipation du droit.

Le danger qui guette de telles transactions, c'est que la pression soit tellement forte qu'elle devienne inattaquable, inquestionnable, que les parties soient à ce point inégales que cette justice devienne la loi du plus fort. Or, la justice réclame un espace tiers.

UN DOUTE INFINI SUR LA JUSTICE

Une justice libérée des formes juridiques ne risque-t-elle pas d'être privée de critère commun de justice ? D'un critère qui ne prête pas à discussion ? C'est la vertu que l'on recherche dans l'arbitrage par un tiers indépendant et impartial. Ce tiers fait défaut dans l'affaire des banques suisses, l'administration américaine étant juge et partie.

Un tel impérialisme judiciaire explique probablement le sentiment mêlé qu'inspirent ces affaires de l'Holocauste. Beaucoup de Suisses eurent l'impression que cette alliance entre le Congrès juif mondial et l'administration Clinton se donnait à bon compte la position d'accusateur. La société suisse « eut l'impression que les États-Unis organisaient le procès de la Suisse, alors qu'ils n'avaient pas qualité à le faire. Cela a provoqué une réaction de repli identitaire, voire une réaction xénophobe, qui s'est manifestée dans les courriers adressés aux journaux entre 1996 et 1998 et par le soutien aux thèses nationalistes de l'UDC, et par le rejet de la Fondation de solidarité lors du référendum de 2002[12] ».

Beaucoup de Suisses interprétèrent l'intervention des États-Unis comme se justifiant non pas par le passé mais par la situation géopolitique contemporaine. Il ne leur apparut pas fortuit que ces actions arrivent à ce moment-là, pour ce pays en particulier – la Suisse – et dans cet ordre-là. Elles interviennent, comme le rappelle Pierre Hazan, à la fin de la guerre froide, c'est-à-dire à un moment où la Suisse perd de son importance stratégique pour les États-Unis. « Les États-Unis utilisent l'affaire des fonds en déshérence pour légitimer leur statut d'unique superpuissance et se profiler comme étant du côté du bien et du juste[13]. »

Même sans être suisse, on est partagé entre, d'une part, la satisfaction que justice ait été rendue aux victimes des spoliations et, de l'autre, une certaine réserve quant aux moyens employés pour y parvenir. Il est en effet certain que, dans le cas des banques suisses comme dans celui des banques françaises, rien n'aurait bougé sans de telles pressions. Les *class actions* ont pris, comme on l'a vu, le marché comme allié pour faire rendre gorge aux banques suisses.

Mais en utilisant de la sorte la force du marché, les États-Unis ont exposé ces actions à une certaine dénaturation.

Le tiers invisible du droit civil

La réciprocité qui caractérise le droit n'est concevable qu'à la condition de dégager un principe triangulateur qui permette d'échapper au simple rapport de force géopolitique. Le tiers dans le droit civil interne, c'est le droit positif. Mais précisément il fait défaut pour les préjudices de l'histoire parce qu'à ce moment-là, les crimes étaient perpétrés par la loi. Le tiers, ce peut être aussi l'argent mais précisément ces préjudices sont bien souvent incalculables. Le tiers, c'est encore le sens du vivre ensemble, mais ce sens fait défaut pour des parties qui sont dispersées à travers toute la terre. Quel est alors le tiers qui a présidé à cette curieuse application de la *lex americana*, c'est-à-dire d'un droit civil capable de s'étendre aux dimensions du monde, et de fouiller dans les profondeurs de l'histoire ? En fait, on n'a pas laissé à un juge indépendant et impartial le temps de s'exprimer, le droit mondial n'existant pas encore.

L'origine de l'ambiguïté qui affecte ce contentieux de l'Holocauste, et bien d'autres contentieux identiques, est à chercher dans le postulat du droit civil, un droit qui *semble* se passer de l'État. Tout droit civil se distingue, au niveau interne, du droit public en ce que l'État n'y intervient pas ; il s'agit d'un droit entre parties privées, entre particuliers. D'où l'illusion qu'il est mieux approprié au contexte de la mondialisation puisqu'il peut se suffire à lui-même, qu'il n'a pas à s'encombrer des États qui semblent se dresser comme des obstacles. C'est néanmoins une illusion parce que, même s'il ne se voit pas, le rôle de l'État demeure déterminant pour la réalisation du droit civil. L'État est bien là, mais il se retire volontairement, ou plutôt il se fait discret, à la limite de l'invisibilité. L'État est présent, mais il donne l'impression de se retirer, alors qu'il n'a fait qu'accepter d'être invisible. Il assure néanmoins la paix et les conditions de réalisation de ces rapports en apparence libérés de toute dimension publique.

Le droit civil ne peut se targuer d'efficacité juridique et de signification sociale qu'en référence à un tiers politique qui lui donne sens et en garantit l'application. Sans cette référence, le traitement du passé et de la mémoire par le droit civil est, on le voit, condamné à une ambiguïté mortelle. Il en va du droit civil comme du marché (qui sont d'ailleurs intimement liés) : l'échange marchand semble nous délivrer de toute référence extra-économique, de tout lien personnel de réciprocité. Mais c'est oublier la nécessité d'un métaniveau (la monnaie comme système de confiance par exemple) qui permet ces échanges[14]. Sans ce second niveau – ici le droit civil en tant que technique –, point de lien juridique stable.

Cette fonction tierce pourrait être exercée soit par un droit technique, « rationnel », aurait dit Max Weber. Faute d'un tel droit, où trouver le tiers dans la figure du tiers impartial ? Les États-Unis auraient pu remplir ce rôle à condition de chercher à atteindre une fonction triangulatrice, ce qu'ils n'ont pas fait. Faut-il pour autant désespérer ? Ces actions nous font entrer dans une configuration inédite et troublante du droit où le tiers n'a pas disparu – auquel cas on n'hésiterait pas une seconde à les dénoncer –, mais il est plutôt devenu *inidentifiable*. Il n'est plus possible de lui donner un nom, une figure : ce n'est certes plus l'État, le souverain, mais selon le cas, l'opinion publique, le marché, un autre État plus puissant, ou cette nébuleuse changeante qu'est la communauté internationale. Un tiers virtuellement présent mais qui demande encore à être renforcé, et pour cela mieux identifié.

Ce droit, pour l'instant, même lorsque la plainte est dans une large mesure justifiée comme dans le cas de l'action contre les banques suisses, se révèle en dernière analyse être un droit du plus fort. Il indemnise mais répare-t-il ? Les vertus apaisantes de la réparation se convertissent en revanche et les indemnisations nourrissent le ressentiment. Le droit civil est certes mieux adapté à la mondialisation, il se joue des frontières et met les acteurs en capacité de réclamer leurs droits en empruntant des chemins obliques. Mais ce faisant, il risque de perdre, du même coup, son caractère transcendant.

Chapitre 8

L'AMBIVALENCE DE LA RÉPARATION FINANCIÈRE

Choisir la voie civile a une conséquence dont on ne sait si elle sera une chance ou, au contraire, un handicap : elle implique que tout préjudice soit converti en argent. Aux difficultés rencontrées par le droit que l'on a tenté de recenser, s'ajoute l'ambivalence consubstantielle à l'argent qui demeure le moyen le plus commode pour « liquider » les préjudices de l'histoire. Remplira-t-il sa fonction avec autant de bonheur que dans les contentieux ordinaires ? Les affaires d'indemnisation de l'histoire montrent les limites de la fonction d'équivalence de l'argent et souffrent de son indétermination qui en est la caractéristique première, ce qui oblige à se demander comment l'utiliser tout en lui conservant son caractère symbolique.

Les femmes de réconfort

Durant leur occupation de la Corée pendant la Seconde Guerre mondiale, les forces d'occupation japonaises prostituèrent de force un certain nombre de jeunes femmes majoritairement coréennes mais venant aussi d'autres pays, désignées sous le terme « femmes de réconfort ». À présent âgées et ayant pour la plupart d'entre elles vécu une vie de misère, elles réclament au gouvernement japonais une reconnaissance de cette violence particulière dont elles ont été victimes et une indemnisation. Pour répondre à ces appels pressants, le Japon a créé en 1995 un fonds d'indemnisation spécial, avec cette particularité que ce fonds ne serait pas abondé par le Trésor japonais mais par les citoyens eux-mêmes sur une base volontaire. Il s'agissait d'une concession de la part d'un pays qui a toujours soutenu que les traités d'après-guerre l'avaient immunisé contre tout recours individuel pour les dommages causés lors de la guerre. La défense du Japon est assez classique et d'ailleurs n'est pas infondée en droit. Elle a été reprise par un juge américain[1]. Mais penser qu'elle suffirait, c'était oublier qu'il s'agit d'un dommage très particulier, certes connexe à la guerre mais néanmoins révélateur d'une domination plus intime, d'un véritable asservissement (d'ailleurs parfois qualifié d'« esclavage sexuel » en référence à cet autre préjudice de l'histoire), très différent, par exemple, des périls dus aux opérations elles-mêmes. Il existe une différence de nature entre les victimes d'un bombardement et celles de la prostitution ou de la déportation. Le viol du corps des femmes symbolise la colonisation tout entière vécue comme une pénétration violente du corps de la nation, une véritable violation de la terre.

Le gouvernement japonais joue sur les deux tableaux : d'un côté, il revendique le monopole de la représentation de ses ressortissants, victimes ou auteurs, et ne voulant traiter qu'avec les États, mais, de l'autre, il refuse d'exercer cette prérogative en sollicitant – sans les obliger – des dons individuels. Il reconnaît le préjudice de personnes – non pas au titre d'un crime d'État mais d'une affaire de droit privé, ce qui lui permet de réparer matériellement sans engager sa responsabilité. Nous tenons ici un exemple qu'un don n'est pas nécessairement un signe de reconnaissance ou une preuve de générosité, mais qu'il peut fort bien être une marque de mépris supplémentaire[2].

Les victimes ne s'y sont pas trompées. Les demandes à ce fonds d'indemnisation étaient ouvertes jusqu'en mars 2007. À cette date, seule une partie des victimes de cet esclavage sexuel avait accepté l'argent. Peut-être parce que le gouvernement japonais avait décidé de créer un fonds privé, façon de signifier que cet acte de réparation et d'expiation (*atonement* veut dire les deux en anglais) venait des citoyens. Cela fut très mal perçu par les victimes qui virent dans cette subtilité une nouvelle torture infligée par le gouvernement japonais qui fuyait ses responsabilités pour « un des aspects les plus laids de la guerre[3] ». « Cette somme ne venait pas de l'État japonais, c'est pourquoi je ne l'ai pas acceptée. Quand vous avez commis une faute, vous devez avoir le courage de dire : je reconnais, pardonnez-moi ; mais le gouvernement japonais n'a, à ce jour, jamais admis sa responsabilité pleine et entière, explique Elle Van der Ploeg, Néerlandaise de 84 ans, prostituée de force par l'armée japonaise en 1944 en Indonésie. Si cela avait été de l'argent public japonais, je l'aurais accepté ; pourquoi accepterais-je de l'argent des citoyens japonais ? N'ont-ils pas aussi été victimes de la guerre ? »

Le gouvernement du Japon et les femmes abusées se retrouvent au moins sur un point : la dissociation entre l'État et les citoyens (on aura un exemple supplémentaire dans le raisonnement tenu par les associations d'Allemands expulsés des Sudètes ou de Silésie[4]). L'État, après avoir été magnifié dans le modèle westphalien, deviendrait ainsi le mauvais objet dans cette nouvelle configuration : les États sont coupables, mais les hommes sont tous des victimes ! Avant l'effondrement du modèle westphalien : c'est un sacrifice que la nation demandait aux citoyens, après, c'est une violence qu'il leur impose – même quand ce sont eux qui perpétuent la violence. Il n'y a plus que des victimes : même les soldats en Algérie que l'on a obligés à torturer, sont des victimes ; les soldats de la guerre 14-18 sont des victimes[5]. Mais les États existeraient-ils sans les citoyens ? Peut-on ainsi couper le lien entre les citoyens et leur État ? Les citoyens sont pris dans une solidarité de fait, qu'ils le veuillent ou non, avec leur État : le politique est enfermé dans ce lien mystérieux mais néanmoins vital.

L'argent perd aux yeux des femmes victimes ses principales qualités de neutralité et de fongibilité : ce n'est pas sa valeur de remplacement qui compte, ni même qu'il soit « japonais » (si tant est que cet adjectif ait un sens), mais sa provenance, c'est-à-dire qu'il soit puisé directement dans le Trésor public japonais. Elle attend que cet argent représente – mieux : incarne – l'auteur de l'offense. On sait des anthropologues que les biens échangés sont une émanation de la personne qui échange, une partie d'elle-même qui s'offre en gage.

La position du gouvernement japonais s'explique aussi par la crainte de s'exposer à une avalanche de réclamations s'il ouvrait la porte aux requêtes des « femmes de réconfort ». Le gouvernement espère se sortir de ce mauvais pas par cette astuce, mais à Washington la Chambre des représentants envisage de voter une motion qui appellerait le gouvernement japonais à reconnaître sans équivoque son rôle dans l'exploitation sexuelle des jeunes femmes des pays colonisés ou occupés, et à s'excuser (illustration de la mission morale que s'attribuent spontanément les États-Unis qui ne voient pas d'objection à intervenir dans des affaires internes). L'ambiguïté des autorités japonaises a été relancée par les déclarations du Premier ministre Shinzo Abe, qui a nié le rôle de l'armée japonaise dans cette affaire. De tels dénis sont ressentis par les victimes comme une seconde victimisation[6] (« Comment peut-il nous refaire cela ? » dit une responsable d'association de femmes néerlandaises exploitées par l'armée japonaise).

Cette offre divisa profondément les associations de femmes victimes dans les quatre pays concernés : Corée du Sud, Taiwan, Philippines et Pays-Bas. Les femmes qui ont accepté cet argent l'ont fait le plus souvent en secret pour ne pas s'exposer à la critique, comme Lee Yong-neo, 81 ans, une des rares Sud-Coréennes à avoir perçu l'indemnité, qui avait été « employée » dans une maison close contre son gré entre 1942 et 1945. « J'ai résisté pendant plusieurs années mais depuis l'âge de 8 ans, je n'ai pas eu de chez-moi et j'ai acheté une maison avec cet argent. » Pour ces dernières, la valeur d'universalité et la liberté que procure l'argent l'emportent sur les ambiguïtés. Qui songerait à les critiquer, d'ailleurs ? Leur vie a été tellement misérable.

Quatre millions huit cent mille dollars de fonds privés ont ainsi été levés par le gouvernement japonais : 285 femmes en tout en Corée du Sud et à Taiwan reçurent pratiquement 17 000 dollars chacune avec une lettre d'excuse du Premier ministre japonais. Le gouvernement japonais fournit également 6,3 millions de dollars – d'argent public cette fois – pour des prestations sociales en faveur de ces 285 femmes ainsi que pour 79 femmes aux Pays-Bas. Cet argent venait de l'Asian Women's Fund (en réalité les femmes pouvaient utiliser cet argent comme elles l'entendaient). La qualification d'allocation à caractère social n'avait aucune incidence pratique mais marquait une différence symbolique énorme : elle justifiait ces « dons » par des nécessités sociales et non par la réparation d'une faute. Cet argent avait valeur de prestation sociale et non de réparation, c'est-à-dire de reconnaissance.

Ce « don » accordé sur des bases sociales fut souvent reçu comme une insulte supplémentaire, comme un don oppressif : « Ce n'est qu'une tentative du gouvernement japonais pour nous faire fermer nos gueules, pour nous réduire au silence », dit Yi Ok-seon, âgée de 80 ans, vivant dans un foyer pour ces femmes abusées. La destination officielle de cet argent est donc absolument déterminante. Cette confusion sur la nature politique de ces sommes, savamment entretenue par le gouvernement japonais, fut ressentie comme une tromperie, aussi bien par les victimes que par la communauté internationale. « Les Hollandais ont pris cet argent comme une indemnisation, alors que pour le gouvernement japonais, il ne s'agissait nullement d'une indemnisation mais d'une assistance sociale, remarque Haruki Wada, directeur de l'Asia Women's Fund et chercheur en histoire à l'Université de Tokyo, mais il s'agit de la première tentative des autorités japonaises pour indemniser individuellement les victimes de la Seconde Guerre mondiale[7]. » Certes, le gouvernement japonais aurait pu être plus clair mais, toujours pour ce chercheur, ceux qui critiquent cette ambiguïté et qui pour cette raison recommandent aux victimes de ne pas toucher à cet argent, ne les font-ils pas souffrir à leur tour ? Parce que l'argent n'a pas d'odeur et qu'il permet précisément de soulager matériellement des souffrances. Il y a, on le voit, une interférence constante entre la dimension matérielle et symbolique de l'argent. « Ce fonds, conclut Norimitsu Onishi dans le *New York Times*, par lequel le Japon cherchait la réconciliation, n'a fait qu'alimenter le ressentiment[8]. »

Pour contrer cette initiative ambiguë du gouvernement japonais, deux autres gouvernements se sont décidés à créer leurs propres fonds d'indemnisation pour leurs ressortissantes : Taiwan et la Corée du Sud. Mais les autorités japonaises se sont refusées à faire la différence entre la nationalité des personnes indemnisées, si bien que certaines furent indemnisées deux fois. On constate ainsi une sorte de concurrence entre les gouvernements comme on a pu parler de concurrence entre les victimes, concurrence pour donner plus et mieux.

LES LIMITES DE L'ÉQUIVALENCE DE L'ARGENT

La seule qualité de l'argent, dit Simmel, c'est sa quantité. Cela conduit les choses à établir leur valeur entre elles, « comme par un mécanisme autonome[9] ». L'évaluation, puis la conversion d'un préjudice en une certaine somme d'argent, est le ressort même de l'indemnisation judiciaire, et pourtant cette fonction d'équivalence n'est pas sans poser de problèmes lorsqu'il s'agit de « liquider » un événement aussi massif, touchant aussi profondément une communauté politique, que le crime contre l'humanité. Le crime contre l'humanité implique souvent plusieurs pays, et donc plusieurs cultures qui, chacune, attribuent un sens particulier à l'argent.

L'argent peut-il tout mesurer ?

Comment évaluer un préjudice aussi massif que la destruction des Juifs d'Europe ou l'esclavage ? Les crimes contre l'humanité, par leurs dimensions et par leur préjudice si spécifique, rentrent difficilement dans la logique d'équivalence qui doit gouverner le travail de la justice civile : ils renvoient au « hors-de-prix », c'est-à-dire à ce qui excède toute appréciation économique (comme l'imprescriptibilité qui les caractérise signale un « hors-de-temps »). C'est pourquoi les sommes demandées cherchent moins à rencontrer une équivalence exacte qu'à signifier un respect, une reconnaissance. C'est ainsi que le préjudice de l'esclavage a été estimé par une organisation noire radicale[10] à 4,1 trillions de dollars (dans les années 1970, il était estimé par la même organisation à 1 trillion[11]). Que signifie une telle somme ? Passé un certain montant, l'argent prend une valeur « auratique », dit Georg Simmel[12] : il signifie le « hors-de-prix[13] », la démesure du montant exprimant l'incommensurabilité de l'événement. Les sommes demandées sont hors de proportion avec toute réparation possible, économique s'entend. Comme si la démesure tirait les demandeurs d'un certain malaise à demander de l'argent. Ainsi le président sénégalais Abdelwaye Wade rappelle-t-il qu'il provient lui-même d'une famille propriétaire d'esclaves et déclare : « Nous subissons encore aujourd'hui les effets de l'esclavage et les effets de la colonisation, on ne peut pas évaluer ça en termes monétaires. Je trouve ça non seulement absurde, mais aussi insultant de demander des réparations matérielles pour la mort de millions d'hommes[14]. »

D'où vient cet embarras ? Qu'est-ce qui gêne dans l'allocation d'une somme d'argent, dans cette recherche d'une équivalence monétaire pour des vies volées, pour des souffrances atroces et inédites ? L'argent suscite une gêne persistante lorsqu'il ne prétend pas seulement faire circuler des biens mais aussi signifier une valeur personnelle. Georg Simmel rappelle que cette difficulté est ressentie dès le début de la monnaie et lui est en quelque sorte inhérente même si elle est aujourd'hui oubliée. C'est le problème, entre autres, du salaire. Cet argent a tôt fait de devenir du *blood money*, qui hérite du caractère sacré de l'objet qu'il vient remplacer et perd ainsi sa principale qualité d'équivalent neutre. Il y a là un mélange très délicat entre les choses ayant un prix et les gens qui méritent dignité.

L'argent est-il un équivalent vraiment universel ?

La valeur d'universalité de l'argent n'est vérifiée qu'au plan économique. L'argent donnera la même possibilité à des Saoudiens qu'à des Japonais ou à des Américains pour acheter les biens qu'ils souhaitent, mais cette fonction se complique lorsqu'on attend de lui une signification symbolique. N'est-il pas d'ailleurs un peu naïf d'espérer qu'un objet – aussi investi que l'argent – puisse être revêtu d'une même signification symbolique au niveau mondial ? Toute signification symbolique suppose une communauté d'interprétation : autant l'argent peut être un régulateur dans la société américaine en raison de sa culture propre, autant il est douteux qu'il en aille de même dans le reste du monde, composé de cultures si diverses. C'est toute la difficulté de la signification du droit et de la peine à l'ère mondialisée.

Lorsqu'un Stuart Eizenstat déclare que « pour réparer les injustices, il y a une certaine épaisseur symbolique qui ne peut être portée que par l'argent[15] », a-t-il conscience d'exprimer un point de vue très américain ? Il n'y a pratiquement que dans ce pays que l'argent jouit d'une telle signification sociale. L'argent est certes un équivalent universel en ce qu'il permet de convertir les choses en les rapportant à une valeur commune, mais il revêt toutefois une signification particulière dans chaque culture : l'argent n'a pas le même sens aux États-Unis qu'en Suisse, ni qu'en France.

Il en va de même pour le sens de la transaction qui n'est pas perçue dans toutes les cultures de la même manière. En France, la négociation n'a pas bonne presse : elle a tôt fait d'être qualifiée de négociation de « marchands de tapis ». Dans la culture américaine, plus régulée par l'argent que par l'honneur, la légitimité politique de la transaction est au contraire très forte ; elle vient du fait qu'elle a été passée entre deux parties, c'est-à-dire deux citoyens libres, responsables de leur destin et seuls aptes à décider de leurs intérêts. Ce trait culturel se retrouve en de multiples institutions juridiques (songeons au *plea bargaining*). Le sujet de droit y est considéré comme un acteur stratégique, pleinement légitime pour agir, au contraire. L'idée de transaction, dans la culture juridique américaine, n'est pas nécessairement liée à la culpabilité mais répond plutôt au souci de se débarrasser d'un obstacle – fût-il hypothétique – pour continuer d'agir. Cette culture opère une disjonction de la culpabilité et de la responsabilité financière, ce que ne fait pas la culture française. L'argent n'est pas un régulateur dans les sociétés latines méditerranéennes, tout au contraire. Signer une transaction serait considéré non seulement comme un aveu mais aussi comme un *déshonneur*.

La signification de l'argent est enfin liée à la richesse. Comment trouver un équivalent commun entre pays qui ont des niveaux de vie si disparates ? L'argent n'est peut-être pas universel dans la mesure où tous les pays ne disposent pas des mêmes richesses et on ne sera pas surpris de voir les demandes le plus souvent introduites dans des pays riches.

Le prix de l'argent

L'obtention de l'argent réparateur a elle-même un coût. D'ailleurs, la réparation ne devrait pas seulement couvrir le préjudice mais également le coût d'avoir eu à la faire valoir, y compris la possible « revictimisation » qui peut en résulter. Pour l'immense majorité des victimes de la Shoah dans l'affaire des banques suisses, souvent très âgées, l'indemnisation eut un goût amer. « La lenteur des procédures, la difficulté à rassembler les informations nécessaires et à fournir les documents exigés, le rappel d'événements traumatiques (et souvent retraumatisants) pour obtenir – lorsqu'elles les ont obtenues – des sommes généralement modestes, a été un prix très cher payé[16]. » Dans cette affaire, on en est arrivé à un paradoxe : les frais de recherche des comptes dormants ont été plus importants que la totalité des comptes eux-mêmes : la commission Volcker a dépensé 700 millions de dollars pour rechercher ces comptes (tâche qui était particulièrement ardue, d'autant qu'il fallait tout traduire en trois langues[17]).

Ce sont les avocats, estiment certains, qui sont les vrais coupables de ce dévoiement : leur appât du gain leur pervertit l'esprit. Charles Krauthammer les accuse de se comporter en *shysters*, c'est-à-dire comme des aigrefins, pour faire cracher les banques suisses, en prenant le risque de réveiller les vieux démons antisémites de l'Europe[18]. Certains avocats ont été payés, en effet, sur les sommes versées par les banques conformément à une pratique répandue aux États-Unis, d'autres ont travaillé *pro bono*[19]. Ce qui contraste en tous les cas avec un bon nombre d'avocats des parties civiles dans les procès français (Barbie, Touvier, Papon) qui n'ont pas accepté un centime de la part des victimes[20].

Le reproche le plus dur adressé par leurs détracteurs aux avocats américains qui se sont lancés dans les *class actions* de l'Holocauste fut de dire que le travail inhumain auquel étaient contraints les déportés dans les camps de concentration fut évalué moins cher que le travail des avocats pour faire valoir leurs droits[21]. L'argument fait mouche et il est pourtant scandaleux : la différence de contexte économique, d'époque et de prestation rend la comparaison oiseuse. Elle ne rend pas compte de l'impact considérable que ces actions ont eu, impact que personne ne conteste. Une telle disparité est peut-être choquante, ont estimé certaines parties civiles, mais tout de même moins que de savoir que des firmes allemandes, voire américaines, ont pu faire des bénéfices sur ce crime monstrueux qu'a été la spoliation et la déportation des Juifs d'Europe (et donc en profiter toujours maintenant puisque l'argent se capitalise et fructifie).

L'AMBIVALENCE DE L'INDEMNISATION MONÉTAIRE

L'argent réunit et divise

L'argent introduit dans les affaires de crimes contre l'humanité une dimension de réalité qui a de multiples conséquences. Sans la pugnacité des associations juives américaines, il est sûr que rien n'aurait bougé. En effet, les banques françaises comme leurs homologues suisses n'ont pas pris au sérieux ces demandes avant qu'elles ne soient portées devant la justice américaine. Pas prises au *sérieux* : l'argent gage une question, il oblige à évaluer des dommages que l'on ne voyait pas, il accorde à une question son importance en y introduisant une notion crue de réalité. Il a l'avantage de donner du poids aux mots et de permettre aux demandeurs de se faire entendre.

L'introduction d'une demande chiffrée fait basculer d'un registre exclusivement moral à une dimension où l'intérêt et la mémoire se mélangent. Ce faisant, il génère une inévitable ambiguïté sur la motivation des victimes demanderesses. L'argent risque de les diviser, et sur son utilisation, et sur l'attitude à tenir vis-à-vis des propositions de transactions, comme le montre l'exemple des femmes de réconfort. L'annonce d'un premier montant oblige à passer du désintéressement à l'intérêt. Et risque donc de casser quelque chose, le sentiment de défendre *uniquement* la mémoire des victimes. Il réveille des enjeux de pouvoir, et en cela réintroduit de la politique dans ce qui paraissait une évidence morale. De multiples exemples l'attestent. On le voit dans le cas maori[22], mais aussi dans l'attitude de la communauté juive française par rapport aux indemnisations suite à l'affaire Papon ou pour les affaires de la SNCF[23].

L'argent introduit non seulement une concurrence *des* victimes mais aussi une concurrence *entre* les victimes. Si la revendication victimaire, comme nous l'avons vu, divise puisqu'elle a pour objet de distinguer un groupe qui a souffert d'un préjudice injustifié, toute indemnisation risque de réveiller la convoitise des autres groupes car c'est toujours au présent que sont compris par l'opinion les transferts financiers. L'argent introduit une hiérarchie entre les victimes car, parmi toutes les personnes qui ont subi le même sort, certaines vont être indemnisées et d'autres non. Cette distinction entre les victimes fut débattue lors du procès Barbie – en l'occurrence entre les victimes résistantes et les victimes juives. C'est le cas aujourd'hui du procès de Thomas Lubanga devant la CPI, où il faut rapporter la preuve d'avoir été directement victime des agissements de cet individu pour prétendre à une réparation. L'indemnisation dépend plus des hasards des poursuites que de l'urgence des besoins.

D'autant qu'il est difficile de parler d'*une* demande des victimes de manière générique et atemporelle. Il y a *des* demandes, émanant des différents groupes de victimes, demandes qui de surcroît évoluent dans le temps, notamment en fonction de l'offre d'indemnisation. Si l'offre d'indemnisation est généreuse, il y a fort à parier qu'elle générera beaucoup de demandes. La demande des victimes doit donc être arrêtée et circonscrite. Parce que les victimes, elles aussi, ont des stratégies, elles invoquent des arguments à tel moment et non à d'autres qui leur sont moins favorables.

L'indemnisation risque de créer de nouvelles injustices. La réparation peut reconduire l'injustice *entre* les victimes cette fois. Par rapport à l'état de dénuement dans lequel se trouvent certaines victimes, parquées dans des camps de réfugiés par exemple, celles qui sont indemnisées bénéficient tout à coup d'un statut privilégié, qui les classe parmi les nantis. Recevoir trop d'argent fait plus de mal que de bien : on l'a vu pour les victimes des attentats du 11 Septembre. L'argent est alloué pour consoler, mais comment jouir de la souffrance d'un proche ? Que faire du *blood money* ? L'argent, au lieu de réintégrer, isole.

L'argent reçu à titre d'indemnité n'est pourtant pas de l'argent « gagné » ; il ne peut être analysé comme une contrepartie d'un échange marchand. Il relève d'un autre type de relation qui n'est plus marchande mais de l'ordre de la reconnaissance. Si le crime est l'inverse du don, l'indemnisation est le négatif du contre-don : ce qui réinstaure une relation. Mais, puisque le même équivalent sert pour les deux relations, marchande et non marchande, il maintient l'ambiguïté. C'est d'ailleurs pour éviter cette ambiguïté que beaucoup estiment aujourd'hui que les crimes contre l'humanité doivent être réparés principalement de manière symbolique[24].

L'argent marque l'importance et désingularise l'événement

L'argent ne risque-t-il pas, en indemnisant, de mettre un terme à l'exceptionnalité de l'événement ? Cette question n'est pas nouvelle : elle s'est posée à Israël – et avec quelle virulence[25] – à propos des réparations allemandes qui ont véritablement déchiré la société israélienne en 1951, certains refusant d'accepter cet argent qui « baignait dans le sang juif ». Ils redoutaient que cette indemnisation banalise le crime dont nombre d'entre eux avaient été victimes. Finalement, cet argent a été versé et fondu dans la construction de l'État d'Israël. Rappelons toutefois qu'il s'agissait d'un traité entre deux États. Cela change tout : il ne s'agissait pas de parties privées (les associations juives) envers d'autres entités privées (les banques). D'autre part, des pensions furent versées en fonction des besoins des victimes.

L'indemnisation donne une valeur à une souffrance, à un drame subjectif, qui prend ainsi une existence objective ; mais, en même temps, son intervention a pour effet de « désingulariser » l'expérience, de la rendre commune, à tous les sens du terme. À évaluer un tel préjudice, on prend le risque de le rapporter à un ensemble plus vaste de significations et de valeurs, et donc de le banaliser. L'introduction d'une convertibilité en argent signe la fin de l'incommensurabilité.

Ce n'est pas l'avis d'un Shmuel Trigano pour qui « l'indemnisation des Juifs permettra de sortir du processus de sacralisation de la Shoah qui procède par abstraction et anhistoricisation[26] ». Il faut éviter selon lui toute fétichisation de ces indemnisations, comme si elles pouvaient se substituer aux disparus : « Cet argent ne remplacera, ni ne compensera les millions de morts, tout spécialement les dizaines de milliers de morts juives en France. Cet argent n'est en effet pas "sacré" – aucun argent ne l'est[27]. »

L'introduction de l'argent a été ressentie par certains survivants de l'Holocauste comme menaçant l'unicité de la Shoah. D'autant que ces procès civils surviennent très tardivement : même si l'indemnisation par l'Allemagne causa un grand trouble en Israël, elle intervenait peu de temps après la Seconde Guerre mondiale. Certains redoutent que conclure ainsi, par des demandes d'indemnisation, le cycle judiciaire commencé à Nuremberg, risque de lui donner une autre signification.

L'argent honore et avilit

L'argent peut aussi être interprété comme une souillure, il peut être perçu comme une atteinte au désintéressement donc à la noblesse – voire à l'innocence des victimes. En réclamant de l'argent, les victimes cessent d'être absolument innocentes : par ces actions, elles révèlent aux yeux de certains leurs intérêts. Elles sont, après tout, intéressées comme les autres hommes : nous voici rendus à une histoire ordinaire. La souffrance devient non seulement évaluable mais aussi échangeable contre de l'argent, pire : monnayable. Surtout si l'on se souvient que l'attachement à l'argent était un des ressorts de l'antisémitisme[28]. L'énormité des sommes brouille le sens même des revendications : « Mais pourquoi les Juifs, se demandera-t-on, sont-ils si obsédés par l'Holocauste ? Parce qu'ils veulent, en fin de compte, présenter la facture[29]. » Les critiques atteignirent leur apogée dans le livre très polémique de Norman Finkelstein, *L'Industrie de l'Holocauste*[30].

Peut-être que l'argent est le dernier volet judiciaire de cette affaire, mais il n'en est pas moins un des aspects, répondent les partisans des actions d'indemnisation. « Les victimes de l'Holocauste ont payé déjà une fois pour être juifs. À présent, en un certain sens, eux et leurs héritiers doivent payer, une nouvelle fois, une sorte d'impôt pesant uniquement sur les Juifs (*"a virtual jewish tax"*) qui les obligerait à ne pas se comporter comme quiconque se comporterait dans une situation analogue [et donc à renoncer à réclamer leur dû]. Mais en se conformant à ce stéréotype, ils en adoptent un bien pire encore : celui de la victime perpétuelle[31]. » On relève ici le passage de l'utilisation métaphorique du paiement à son utilisation réelle, du positif au négatif, de l'interminable de la victimité à la nécessité d'en finir une bonne fois pour toutes avec cette exceptionnalité, par le retour à un droit commun de la dette.

Mais l'exceptionnalité de ce crime rendait également problématique l'application du droit commun, comme on l'a vu. Cette application normale n'a pu se faire à cause de l'impossibilité des preuves, mais aussi du poids écrasant de l'événement. Ayant tout misé sur un rapport de force, les avocats des associations juives américaines se sont vus accusés d'avoir poursuivi leurs intérêts plutôt que ceux de leurs clients. L'argument aurait eu moins de portée si les sommes avaient été arrêtées par un juge indépendant et impartial.

Mais ce ne fut pas le cas, et la manière dont furent transigées les *class actions* alimente, à son corps défendant, cette suspicion. Dans l'accusation de chantage ou d'extorsion de fonds, les parties demanderesses paient le fait de ne s'en être pas remises au droit strict et à un tiers impartial. Le sens de cette transaction financière entre les banques suisses et les organisations juives, fut brouillé parce qu'elle était déliée de toute proportion avec une responsabilité susceptible d'être chiffrée avec précision. « Dénué de toute portée politique et éthique, l'accord est apparu, aux yeux d'une grande partie de la société suisse, comme le résultat d'une sordide opération financière. Pour l'opinion publique, la réflexion sur la Shoah a été évacuée, au profit de l'idée qu'il s'agissait d'une transaction comptable. Du coup, les crimes d'Hitler apparaissent moins comme source de réflexion sur la barbarie que comme l'épisode supplémentaire d'une justice spectacle à l'américaine du type O. J. Simpson ou Paula Jones. Ce glissement marque le triomphe d'une vision banalisante du Génocide, où l'argent ne fonctionne plus comme la reconnaissance d'une culpabilité, mais comme anesthésiant et alibi. Une solution neutre et technique permettant d'escamoter plus aisément tout examen de conscience. Le processus de judiciarisation est arrivé au résultat inverse de celui escompté. Le prix de la facture ayant été établi, le chapitre apparaît désormais clos pour une large fraction de la société suisse. "Payons, mais n'en parlons plus." Il ne s'agit plus de tirer les leçons du passé – quitte à payer – mais de payer pour être dispensé de mémoire[32]. » L'affaire est véritablement « liquidée ».

L'ambiguïté du sens de l'indemnisation est renforcée par la négociation d'une enveloppe globale que Stuart Eizenstat appelle la technique de la « justice imparfaite » : elle s'atténue lorsque l'indemnisation se fait selon la technique d'une ligne de crédit : c'est ce système qui a été choisi par la France, contrairement aux transactions qui ont été passées avec l'Autriche, l'Allemagne, la Suisse et d'autres pays. Cette dernière méthode donne moins facilement à voir la somme globale mais montre de manière plus claire que l'indemnisation est accordée aux besoins des victimes.

Un instrument trop puissant qui libère trop !

En 1994, le gouvernement néo-zélandais proposa une enveloppe de 650 millions de dollars pour indemniser les Maoris. Cette somme représentait dans son esprit une indemnisation complète et définitive[33]. Le projet proposait également un système grâce auquel les tribus maories donnaient en cadeau (*gift*) à l'État certaines terres ou faisaient des dons à des tierces parties. Cela correspond à une « conception maorie du don qui consiste à retourner le cadeau quand la terre n'est pas utilisée[34] ».

Un tel *deal* ne fut pas chose aisée. Pour le gouvernement, il fut difficile d'accepter non seulement de verser une telle somme mais aussi d'assumer politiquement cette reconnaissance. Réciproquement, pour les communautés maories, non seulement il fallait consentir à un singulier rabais par rapport à leur demande initiale, qui se montait à 60 milliards de dollars[35], mais surtout il n'était pas évident de renoncer à toute réclamation ultérieure.

Le sentiment fut identique chez les militants pour la cause des Indiens lakotas, qui « se disent préoccupés par le fait qu'un accord risquerait de leur faire perdre la sympathie qui vient de leur identité de victimes, et donc de leur justification morale à agir. Dans ce cas-là, l'allocation d'une indemnisation sous forme d'une somme d'argent mettrait un terme à leur deuil sans leur procurer pour autant une nouvelle identité[36] ».

Le propre de l'argent c'est, à cause de sa fonction d'équivalence, de pouvoir terminer une action mauvaise et d'éviter ainsi la spirale interminable de la vengeance. « Si tout l'argent de toutes les banques suisses était versé, cela ne ramènerait à la vie aucune des vies juives. Mais l'argent est un symbole, il fait partie de l'histoire et si vous n'en tenez pas compte, elle se rappellera à votre bon souvenir avec plus de force et d'esprit de vengeance[37]. »

L'argent ne peut détourner de la vengeance, fonction particulièrement précieuse dans une société, qu'à cause de la capacité qu'il procure. L'argent confère de l'*empowerment*, il redonne de l'autonomie alors que la victime souffre d'être liée au regard péjoratif d'autrui. L'indemnité est le signe public de son *activité* retrouvée (opposée ici à la passivité qui la définit comme victime). Il contribue à faire cesser la victimité (sous certaines conditions, car elle peut également l'installer dans la dépendance). « Je ne veux pas entrer dans le prochain millénaire comme la victime de l'histoire... Himmler a dit qu'il fallait tuer tous les Juifs parce que si vous ne le faites pas, leurs petits-enfants réclameront leurs biens. Les nazis ont voulu priver les Juifs de leurs droits fondamentaux, de leurs droits financiers et de leur droit à la vie. C'était une progression méthodique. Je veux que l'on leur restitue tous leurs droits[38]. » On a d'abord tenté de leur rendre leur droit à la vie en punissant les coupables, il faut maintenant qu'on leur restitue leurs biens et ensuite tous leurs droits.

Mais cette liberté retrouvée des victimes grâce à l'argent est négative. « L'argent a résolu cette tâche de réaliser la liberté de l'être humain pour ainsi dire au sens purement négatif[39]. » L'argent libère de tout attachement, d'où sa place dans le projet d'émancipation des modernes[40]. L'argent risque de s'avérer trop puissant : il introduit un échange trop comptable, son effet est trop radical : il va libérer de tout, y compris de ce que l'on voulait garder, un lien avec la mémoire. C'est la crainte de Pierre Hazan. C'est la raison pour laquelle Michel Zaoui parle de piété à l'égard des victimes : la piété est un lien, un contact entretenu. Le versement d'une somme d'argent risque de réduire la victime au silence.

L'indemnisation monétaire déséquilibre la demande dont nous avons vu qu'elle était indissociablement juridique et politique en raison de sa matière : l'histoire. Or en conduisant la logique indemnitaire jusqu'à son terme, c'est-à-dire jusqu'à l'indemnisation, la logique juridique risque de trop bien fonctionner, jusqu'à réduire une cause au silence, au motif d'avoir acquitté la dette une fois pour toutes. La clôture des comptes libère aussi bien le créancier que le débiteur ! Le paiement rendra les demandeurs forclos pour toute revendication autre que mémorielle. C'est le piège de cette action par nature mixte, politique et juridique, qui se referme sur ses promoteurs. Y renoncer revient à reconnaître que le droit n'était qu'une métaphore politique et que l'on ne veut surtout pas être considéré comme un plaideur ordinaire.

Il n'y a pas que l'argent qui empoisonne les réparations. Un problème identique se pose à propos des *affirmative actions,* que critiquent certains bénéficiaires parce qu'elles risquent de jeter le doute sur leurs qualités. Il sera, estiment-ils, très difficile d'éliminer – aussi bien de leur propre esprit que du regard social – le soupçon que leur réussite est due non à leur mérite mais à l'aide qu'ils ont ainsi reçue.

COMMENT RENDRE L'ARGENT À LA FOIS INSTRUMENTAL ET SYMBOLIQUE ?

L'argent demeure inassimilable à toute autre matière : il ne peut avoir la même signification symbolique pour tout le monde, non seulement à cause de la difficulté de lui donner une signification unique, reconnue par tous, mais aussi à cause de l'*indétermination* qui fait sa force[41]. L'argent est en effet à la fois symbolique et instrumental. L'instrumental peut pousser le symbolique et donner à une dette la consistance qu'elle n'aurait pas pu avoir autrement, mais cette même fonction instrumentale peut détruire la dimension symbolique. Le dilemme de la réparation est donc le suivant : l'argent est indispensable, ne serait-ce qu'à titre de gage de la demande et de crédit de la reconnaissance. L'exclure au motif qu'il pollue tout n'est pas possible. Mais dès qu'il intervient, il risque de fausser la justice. Il doit être à la fois opératoire et symbolique : peut-il cumuler ces deux qualités ?

Refuser l'argent

La première solution – peut-être la plus simple et la plus radicale – consiste à se battre pour l'indemnisation mais ne pas percevoir cet argent. Certaines familles refusèrent toute indemnisation. Ce fut le cas des Indiens dans l'affaire des Blacks Hills, qui n'ont jamais perçu les sommes qui leur avaient été allouées[42]. Cela confirme le caractère aléatoire, *temptative* dirait-on en anglais, de la reconnaissance. Il ne suffit pas que la réparation soit attribuée pour que le lien civique soit restauré, encore faut-il qu'elle soit acceptée.

Il est fort probable que les demandeurs ne veuillent pas être *liés* par cet argent. L'important n'est pas tant la somme, qui restera inemployée, que le geste. L'indemnisation a en effet deux contenus qui sont solidaires : l'un vise à trouver une valeur de substitution pour remplacer le bien perdu, l'autre n'est pas quantifiable mais vient de l'esprit duquel elle procède (le montant ne cherche plus alors l'équivalence mais la révérence).

Le redonner, entièrement ou en partie

Dans nombre d'affaires d'indemnisation, on constate que, de leur plein gré ou à l'instigation de la justice, les bénéficiaires de réparations redonnent tout ou partie de ce qu'ils ont perçu. Comme si le recouvrement de la dignité se logeait non seulement dans la restitution qui visait à remettre les parties dans le *statu quo ante*, mais surtout dans cette restitution de la restitution. Non pas dans le train de vie retrouvé mais dans la capacité de donner à son tour, de se montrer bon prince ; non pas dans l'équivalence mais dans le surplus. « En recevant ce "don", écrit Shmuel Trigano, les Juifs se voient désormais dans l'obligation de le rendre. On attend leur contre-don, on attend qu'ils se sentent obligés envers les autres et envers la société globale[43]. » Nombre de personnes venant d'être indemnisées par la CIVS[44] se précipitent pour demander à qui elles peuvent donner cet argent ; à quelles associations d'enfants cachés, alors qu'elles viennent d'être indemnisées elles-mêmes pour avoir été spoliées. Ce qu'elles ont réclamé comme un dû, elles le donnent sans y toucher pour ne pas altérer leur statut. En donnant, les victimes lèvent l'hypothèse d'une réparation qui serait motivée exclusivement par le gain. Elles « paient » négativement le prix du maintien dans leur innocence.

Une attitude identique – mais du côté des auteurs de violence cette fois – anime l'esprit de l'Association des anciens appelés en Algérie contre la guerre, association regroupant d'anciens soldats qui ont décidé de reverser leur pension militaire à des associations de développement en Algérie, notamment en faveur du village de Tazla, qui a été rasé en 1958 par l'armée française. « C'est notre façon de rembourser une dette, dit un de ses membres. Cette retraite, renchérit un autre, c'est le prix du sang qui a coulé en Algérie [...]. Il ne s'agit pas de faire la charité mais d'opérer un début de réconciliation, modeste, à notre mesure, mais sincère. Le bla-bla sur les liens à tisser, c'est bien beau, mais des gestes pratiques, c'est mieux[45]. » Comment exprimer en des mots plus simples le cœur de la relation de don/contre-don ? Tout y est : le sentiment de la dette, le geste, la signification symbolique de l'argent, l'horizon de la reconnaissance mutuelle par l'intermédiaire des choses, le dépassement de l'histoire, le risque que ce geste soit mal compris ou refusé, le souci de se distinguer d'un don de réplique ou offensant (« On ne fait pas la charité »), etc.

En donnant, la victime cesse définitivement d'être victime, c'est par le geste gratuit qu'elle signifie sa capacité recouvrée de la manière la plus pure. Par son don, la victime se libère et oblige à son tour. En s'assignant une finalité désintéressée, elle redonne à sa cause la noblesse que certains lui reprochaient d'avoir flétrie en demandant de l'argent.

Dans le cas des banques suisses, nous pouvons relever une réaction identique de la part des demandeurs : les organisations juives américaines ont choisi d'affecter cet argent à des personnes qui n'étaient pas visées par l'Accord global. Cela peut s'analyser comme un partage avec d'autres spoliés qui n'étaient pas directement visés par l'accord. Mais il y eut plus. En 1996, la World Jewish Restitution Organization réclama « un geste financier de bonne volonté » à la Suisse pour venir en aide aux rescapés nécessiteux du Génocide. C'est ainsi qu'en 1997 fut créée la Fondation de solidarité, alimentée par des banques suisses privées, la Banque nationale suisse et quelques entreprises. « Point important : tous les contributeurs ont affirmé qu'il ne s'agissait pas de réparations, mais d'un geste humani-

La restitution des rentes d'assurance-vie des victimes du génocide arménien

Nombre d'Arméniens avaient contracté des assurances-vie auprès de compagnies d'assurances, avant le génocide. Certains héritiers formèrent une *class action* en vue d'obtenir leur versement par la New York Life Insurance Company. La cour de district de Californie se déclara compétente le 28 novembre 2001, ce qui conduisit les parties à signer un accord transactionnel le 27 janvier 2004, approuvé par la cour de district le 30 juillet 2004. Au terme de cet accord, la compagnie s'est engagée à verser une somme ne pouvant excéder 20 millions de dollars : 11 millions destinés à l'indemnisation de toute personne qui en ferait la demande avant le 16 mars 2005, 3 millions à diverses œuvres caritatives arméniennes, et 6 millions pour les frais de justice et d'avocats. Dans l'accord, la compagnie a tenu à faire mentionner expressément que ce document ne valait pas reconnaissance d'une quelconque responsabilité.

Une autre *class action* fut intentée devant la même cour contre l'assureur Axa, continuateur d'une compagnie française. Cette compagnie s'est opposée à l'exécution des contrats souscrits, au motif que les demandes avaient été introduites postérieurement au délai trentenaire qui expirait en 1945. Au terme d'une transaction conclue le 13 octobre 2005, Axa s'est engagée à verser 11 millions à un fonds d'indemnisation et 3 millions à des organisations caritatives[46].

taire pour "les rescapés de l'Holocauste dans le besoin[47]". La divergence de vues entre les acteurs suisses et les organisations juives se vérifie une nouvelle fois[48]. » À la fin 2001, 169,3 millions de dollars furent ainsi réunis et distribués à plus de 300 000 victimes du nazisme, juives (88 %) et non juives (12 %) – essentiellement les Tsiganes et les prisonniers poli-tiques –, pour respecter le pourcentage de victimes juives parmi tous les groupes concernés. Tout se passe, remarque ironiquement Pierre Hazan, comme si encore une fois, l'humanitaire venait au secours de la Suisse[49]. Mais par référendum en date du 22 septembre 2002, le peuple suisse s'est prononcé à 48,2 % pour et 51,8 % contre le principe de distribuer une partie du produit de la vente des excédents d'or de la Banque nationale suisse (BNS), à la Fondation suisse solidaire.

L'euro symbolique

La seconde solution, imaginée par plusieurs droits – dont le droit français –, est d'accorder un franc symbolique. En lui retirant toute quantité, l'euro symbolique transforme l'argent en pur symbole. Si l'argent apporte une liberté négative, l'euro symbolique offre à la victime une liberté positive : son honneur est reconnu et ne risque pas d'être suspecté d'un quelconque intérêt dont n'auraient pas manqué de s'emparer ses adversaires pour la disqualifier.

L'avantage de l'euro symbolique est, comme son nom l'indique, de réunir trois qualités que n'arrive pas à combiner la monnaie : une valeur sans mesure, une monnaie qui conserve son contenu moral et une dette qui ne sacrifie pas en même temps l'honneur. La force de l'euro symbolique – qui rappelle peut-être l'origine de la monnaie italique[50] – est de valoir sans compter, de dissocier la fonction de reconnaissance de celle d'équivalent marchand.

La fondation

N'est-ce pas d'ailleurs dans cet esprit qu'il faut comprendre le sens de la fondation, comme la Fondation pour la mémoire de la Shoah ? Une partie des sommes allouées par les compagnies d'assurances dans le cas du génocide arménien est affectée à des « organisations caritatives », en d'autres termes à des organisations qui donnent et se situent à l'extérieur du marché. Certes, objectera-t-on, il ne s'agit que d'un petit tiers des sommes allouées à l'indemnisation proprement dite.

Une fondation n'est, par définition, pas dans le commerce : elle procède d'un don initial. Le système de la fondation constitue une sorte d'élément tiers par rapport à l'argent, à cause de sa durée dans le temps et en raison de son appartenance collective et désintéressée. Elle s'engage à un usage désintéressé de l'argent. L'argent reprend donc sa capacité instrumentale sans être affecté par l'intérêt qui en diminue le mérite. Le système de la fondation permet de dissocier l'utilisation de l'argent de son propriétaire. Il a aussi une relation au temps puisque, si cet argent est placé, il a une durée démultipliée. Le système de la fondation combine le monétaire et la gratuité, le collectif et l'individuel.

Avec la fondation, l'argent est perçu, mais de manière collective et anonyme, au nom de l'ensemble des victimes. Il est également restitué aux victimes de manière collective et anonyme. Son utilisation est référée à un objectif inscrit dans son objet social. L'argent est réintroduit dans l'espace d'une communauté politique – en France en ce qui concerne la Fondation pour la mémoire de la Shoah –, et ce de manière continue, s'alimentant des intérêts d'un capital. Il circule aussi bien dans l'espace que dans le temps. De la même manière que les actions en réparation ont pour but de solder des vieux comptes qui courent sur des générations, c'est sur des générations que l'argent produira ses effets bénéfiques. L'argent fait lien. C'est un don perpétuel en quelque sorte, se construisant en miroir avec l'injustice perpétuée.

Une somme pour indemniser, un « plus » pour reconnaître

Une dernière solution consiste à articuler la fonction matérielle et la fonction symbolique en distinguant une partie de la somme qui sera consacrée à la première fonction et une autre – un « plus » – qui portera la seconde. La première vise l'équivalence avec le préjudice, l'autre se charge d'une fonction symbolique. La somme décidée combine les deux statuts d'indemnisation obligée et de don. Dans nombre de ces affaires, on relève, en effet, une majoration quasi systématique des sommes offertes (comme le montre l'exemple des compagnies d'assurances françaises[51]). Cela ne serait pas pensable au civil, sauf à analyser ce surplus comme des *punitive damages*. Il ne suffit pas de restituer, il faut rendre l'équivalent et un *peu plus*. Ce fut la proposition des banques suisses qui offrirent de donner en plus et de donner à d'autres, mais cela fut refusé par un vote populaire[52].

Chapitre 9

LES LIMITES DU FORMALISME JURIDIQUE

On parle en français de la reconnaissance d'une personne comme de la reconnaissance des faits et de la reconnaissance d'une dette. Cette polysémie est trompeuse ; chaque fois, le terme exprime l'acceptation d'une altérité : l'estimation de la valeur d'un individu, l'aveu de la réalité des faits en matière pénale et l'acquiescement à une dette au civil. Mais la reconnaissance qu'attendent les victimes d'injustices historiques concerne leur existence même, au-delà de la dette qu'elles réclament. Cette ambiguïté ne sera pas levée par le procès civil mais plutôt par une parole de justice qui donnera sens à l'indemnisation financière.

L'indemnisation des victimes de la répression marocaine

En 1999, le jeune monarque marocain Mohammed VI créa l'Instance d'arbitrage indépendante pour l'indemnisation des victimes des « disparitions » et de la torture. Cette commission indemnisa 3 700 victimes et distribua environ 1 milliard de dirhams, soit l'équivalent de 100 millions de dollars au 10 juillet 2003. Elle ne put cependant aller jusqu'au bout de son mandat, affectée de vices qui allaient s'avérer fatals. Elle était composée de hauts fonctionnaires proches du Palais. Elle devait indemniser les crimes du régime, mais sans les établir, ni les reconnaître – ce qui était son principal défaut. Les critères d'indemnisation étaient ensuite opaques et semblaient arbitraires à nombre de victimes. Les décisions n'étaient susceptibles d'aucun recours. La commission fut suspectée d'avoir distingué entre les victimes sahraouies et les autres. Nombre de victimes ont refusé de déposer leur dossier, car elles considéraient que le mode de fonctionnement de la commission revenait pratiquement à « acheter leur silence ».

Une politique d'indemnisations sèches, sans un travail de mémoire, c'est-à-dire d'établissement et de reconnaissance de crimes, s'avérait donc sans issue. C'est pourquoi le 7 janvier 2004, le souverain marocain, Mohammed VI, décide de la création de l'Instance équité et réconciliation (IER). Le roi donne un triple mandat à l'IER : faire la lumière sur tous les cas de « disparition forcée et de détention arbitraire », « indemniser » et « veiller à la réparation de tous les préjudices subis par les personnes victimes ». L'IER a charge enfin d'« élaborer un rapport [...] comportant l'analyse des violations des droits de l'homme [...] ainsi que des recommandations et des propositions à même de préserver la mémoire, de garantir la rupture définitive avec les pratiques du passé et de résoudre les conséquences des souffrances causées aux victimes, de rétablir et renforcer la confiance en l'État de droit et le respect des droits de l'homme ».

En l'espace de quelques mois, plus de 20 000 victimes déposent leur dossier pour obtenir des informations sur des « disparus » et obtenir des réparations pour les tortures qu'ils ont subies durant les décennies de répression. L'IER a octroyé des réparations financières à près de 10 000 victimes pour un montant total d'environ 70 millions de dollars[1]. Ces décisions concernent des victimes de disparitions forcées, de détention arbitraire, d'exécution extrajudiciaire, d'exil forcé et de violences sexuelles. Six critères ont été retenus par l'IER pour fonder ses décisions : la privation de liberté, la spécificité de la disparition forcée, les conditions de détention ou de séquestration, la torture et tous autres traitements inhumains, dégradants ou cruels, les séquelles physiques et psychiques, la perte de chances et le manque à gagner. Ces réparations financières seront complétées pour certaines victimes par des mesures de réintégration dans la fonction publique, par leur régularisation administrative ou professionnelle, etc. Dans ses recommandations, l'IER préconise notamment l'extension de la couverture médicale obligatoire à toutes les victimes identifiées par l'IER et à leurs ayants droit, et la création d'un dispositif permanent d'orientation et d'assistance médicale pour les victimes de torture ou d'autres maltraitances.

L'IER imagina une « réparation communautaire », c'est-à-dire l'adoption d'un programme de développement socio-économique et culturel en faveur de plusieurs régions et de groupes de victimes, notamment les femmes dans plusieurs villes (Casablanca) et régions particulièrement touchées par la répression.

Il s'agissait pour son président, Driss Benzekri, d'un « marché historique » conclu entre la société civile et la monarchie : les victimes n'engagèrent pas de poursuite judiciaire en échange d'un approfondissement du processus de démocratisation. C'est pourquoi l'IER s'est prononcée en faveur d'un certain nombre de réformes allant dans ce sens. « L'ambition affichée, estime Pierre Hazan, est de refonder un nouveau pacte social entre les Marocains et leurs institutions à un moment crucial. Il s'agit de purger les dossiers liés aux décennies de répression, de ressouder la nation derrière l'image d'une monarchie rajeunie et moderne. »

« Le marché historique que nous proposions alors, explique l'un de ses membres, était le suivant : à l'État de reconnaître ses torts, d'engager un profond processus de réformes dotées de garanties constitutionnelles pour éviter tout risque de répétition, et de promouvoir une vraie culture des droits de l'homme en instaurant une démocratie digne de ce nom. En échange, nous renonçons aux poursuites judiciaires. C'est un pardon stratégique[2]. »

Ce que montre, entre autres, l'IER marocaine, c'est tout d'abord que l'indemnisation sans travail de mémoire ne suffit pas et, ensuite, que les sanctions paraissent secondaires par rapport à un nouveau pacte constitutionnel. Il ne suffit pas de payer, il faut également, pour que cet argent prenne sens, qu'il vienne au soutien d'un « bon récit de justice ».

L'ACQUITTEMENT D'UNE DETTE ENTRAÎNE-T-IL *IPSO FACTO* RECONNAISSANCE ?

Les réclamations de dettes historiques contiennent, on l'a vu, une demande de reconnaissance adressée à une communauté politique par le biais de la justice. Cette demande n'est pas *a priori* incongrue, tant le droit et la justice se voient attribuer dans nos démocraties modernes une fonction de reconnaissance[3]. La reconnaissance nous introduit dans une dimension symbolique oubliée, voire refoulée par la modernité, mais qui revient sans cesse la tarauder. Refusant à la religion un quelconque monopole sur cette question, mais ne sachant que lui substituer, c'est désormais aux institutions politiques et notamment judiciaires qu'il incombe de combler ce « déficit symbolique qui constitue le problème majeur des démocraties modernes[4] ».

Un effet de reconnaissance possible mais pas automatique

Justice et reconnaissance sont deux notions proches, mais qui ne se situent pas sur le même plan. La reconnaissance est à mi-chemin entre une décision politique et un fait objectif. Il s'agit d'un bien que

« nous ne nous distribuons pas entre nous[5] ». La possession préalable de ce bien « définit le *cadre* à l'intérieur duquel s'exerce la justice distributive portant sur tous les autres biens sociaux : biens marchands ou non marchands[6] ». C'est pourquoi la reconnaissance, à la différence d'un droit, ne peut jamais être exigée, mais doit toujours être sollicitée ou observée.

Si la justice est liée à la forme « sœur jumelle de la liberté[7] », la reconnaissance vise un « plus » nécessairement rétif à toute formalisation. Ce « plus » ne se laisse pas enfermer dans des procédures, il est incontrôlable, insaisissable en même temps qu'il est essentiel. Il comble le fossé quasi structurel entre le droit et la réalité sociale, entre la justice formelle et son nécessaire dépassement pour atteindre la paix. C'est pourquoi toutes les pensées qui rabattent d'emblée la justice sur le formel se condamnent à perdre ce qui fait le cœur de l'idée de reconnaissance.

Le droit nous apporte la sécurité de la forme, la certitude de la règle, alors que l'idée de reconnaissance nous introduit dans des réalités plus subtiles, qui résistent au formalisme juridique. C'est pourquoi il s'avère pour le moins délicat, voire impossible, d'obtenir la reconnaissance par le truchement d'une réclamation de ses dettes devant un juge civil. Ce n'est ni le bon interlocuteur, ni le moyen le plus sûr (en attendant des formes procédurales un bien immatériel qui transcende le droit), ni le bon terrain pour poursuivre un but de nature politique par des voies judiciaires.

Par rapport aux relations juridiques médiatisées par les biens, la relation de reconnaissance intéresse des *personnes* en chair et en os. Si les choses ont un prix et peuvent être mesurées entre elles, il n'en va pas de même pour les personnes. La justice recherche une équivalence entre les biens, la reconnaissance est le signe d'une acceptation de la présence de l'autre. Alors que le contrat et le marché reposent tous deux sur une idée de mesure et de proportion, la reconnaissance est de l'ordre de l'approbation. La reconnaissance répond à « une équivalence qui ne se mesure, ni se calcule[8] », c'est-à-dire une équivalence dans l'ordre de l'être et non dans celui de l'avoir. La reconnaissance est toujours l'aveu d'une grandeur quel que soit le domaine dans lequel elle est attendue : de l'estime publique pour la reconnaissance sociale, de sa singularité dans l'amour, de sa qualité d'homme – de sa dignité diront certains – dans le registre du droit[9].

La responsabilité civile et la reconnaissance relèvent de deux logiques différentes. La justice objective mesure, compare, recherche des équivalences justes. S'agissant des crimes politiques les plus graves comme le crime contre l'humanité, la proportion de la peine ou la recherche d'un équivalent monétaire butent sur cette impossibilité de trouver des justes proportions, sauf à dire qu'une vie équivaut à une vie, en s'exposant à l'infini de la vengeance. Avec la reconnaissance, la justice passe d'une problématique quantitative à une approche qualitative. « La reconnaissance égalise ce que l'offense a rendu inégal[10]. » La reconnaissance de l'ordre du geste politique comme le *Kniefall* de Willy Brandt[11] devant le Mémorial des victimes du ghetto de Varsovie, ou du *speech act* comme au discours de Jacques Chirac au Vél' d'Hiv'[12], qui ne recherchaient aucune contrepartie politique immédiate. C'est moins l'égalité arithmétique qui est visée qu'une égalité politique de principe. Alors que la justice cherche à établir une juste proportion entre des patrimoines, la reconnaissance met en scène une approbation des personnes. Or cette approbation ne peut être contrainte, ni juridiquement, ni économiquement, ni même politiquement.

Deux projets partiellement communs, partiellement contradictoires

Logique juridique et esprit de reconnaissance font-ils bon ménage ? Peut-on poursuivre *en même temps* la juste proportion du partage des biens et l'approbation de tous les membres d'un même monde ? Comme si la reconnaissance était *automatiquement* impliquée par la justice ?

Justice et reconnaissance relèvent de registres différents qui peuvent s'accorder mais qui peuvent également entrer en conflit. L'ambivalence de la réparation financière n'est pas fortuite, elle résulte de la nature même du droit. Si la justice n'arrive pas à tenir ses promesses de reconnaissance, ce n'est pas par incapacité, par manque de moyens appropriés, mais *du fait même de son projet de justice*. En effet, si la reconnaissance tente d'établir un lien entre deux personnes, la dette juridique se fixe pour objectif, à l'inverse, de libérer les parties d'un lien trop personnel.

Non seulement la reconnaissance, qui est de l'ordre de l'interpersonnel, peut n'être pas encouragée par la justice, mais elle peut fort bien être *arrêtée* par elle. Le propre de la forme juridique du contrat – comme de la contrepartie économique de l'échange marchand – est de libérer les échanges économiques des « déviations dues aux impondérables des relations personnelles[13] ». L'impératif de reconnaissance peut s'avérer à un certain point antinomique de la forme juridique ou de l'intérêt économique qui soulagent la relation d'un investissement personnel. Ni le respect des conventions juridiques, « ni l'interdépendance économique ne me sollicitent à reconnaître autrui personnellement. Cette limite est constitutive des sociétés politiques et du système du marché[14] ».

Réclamer son dû à quelqu'un implique-t-il en effet nécessairement d'être reconnu par lui ? Lorsque l'on s'acquitte de ses dettes, ce n'est pas forcément pour reconnaître ses créanciers : cela peut être tout simplement pour être quitte avec la loi ou avec sa conscience. La reconnaissance de dette implique une reconnaissance de la créance et donc du droit qui en exige le paiement, mais pas nécessairement du créancier. Payer sa dette rubis sur l'ongle, on l'a vu, peut être encore une manière de montrer sa puissance, de signifier que l'on n'a pas besoin d'autrui ; alors que c'est au contraire dans le deuil de sa puissance que s'origine la reconnaissance.

L'acquittement d'une dette juridique rétablit certes une relation contractuelle qui était déséquilibrée, ou purge une responsabilité civile, mais ne garantit pas la reconnaissance, qui relève d'une relation d'un autre ordre. La relation de droit se construit précisément pour limiter voire exclure une relation d'une autre nature, de l'ordre de la vengeance ou de la reconnaissance mutuelle. La procédure de justice cherche à destituer la dette symbolique, qui risque de s'avérer inacquittable, pour lui substituer une dette liquide et exigible fixée par les tribunaux. En effet, le propre du contrat – qui préfigure en cela toute relation juridique entre étrangers – est de borner, dans le temps et dans le contenu, la relation, d'en exclure toute surcharge cérémonielle, qu'elle soit de l'ordre du don (en positif) ou de la vengeance (en négatif). Le contrat limite l'engagement pour qu'il ne déborde pas, qu'il ne verse pas dans une illimitation oppressante. Cela ne peut se faire que sous la double action de l'argent et d'un raccourcissement des sentiments ramenés à la cause du contrat ou à la contrepartie de l'échange.

Le déficit symbolique de la modernité, auquel le droit se substitue en même temps qu'il le contrôle, est le salaire de notre liberté, qui veut réduire toute contrainte à l'observation d'une règle, qui refuse toute dette personnelle, tout lien qui soit trop étouffant. Au risque de négliger tout un pan de la vie collective qui exige de donner une forme cérémonielle à la coexistence humaine.

À quelle condition le règlement de la dette entraînera-t-il reconnaissance ?

Les actions en indemnisation des préjudices de l'histoire attendent de la justice deux effets contradictoires : de rapprochement et de mise à distance. Les demandeurs sont donc pris dans une contradiction : ils recourent au droit – instrument de mise à distance des sentiments – pour déclencher un sentiment de reconnaissance. Or le droit ne demande pas aux sujets d'éprouver les vertus des actions qu'il exige d'eux.

Il ne s'agit en rien d'une contradiction radicale qui rendrait incompatibles ces deux perspectives de la justice et de la reconnaissance. Il faut considérer, au contraire, que la relation froide, parfois glaciale, du droit d'une part et la relation chaude, jusqu'à l'incandescence parfois, du lien interpersonnel, bornent le lien politique ; les deux instruments doivent être mobilisés lorsqu'il s'agit de le reconstruire après des violences collectives. Le procès civil n'obère pas la reconnaissance mais l'induit sans la provoquer automatiquement, la rend possible en même temps qu'il la tempère. Formulée grâce aux objets dans le langage de la dette, la reconnaissance, si elle se manifeste, prend d'emblée ses marques : elle s'éloigne autant de la séparation radicale que de la fusion nationale pour rechercher plutôt la *juste distance* entre les hommes.

Ainsi, « quand la somme est payée, les contractants sont quittes. L'affaire est close. C'est bien en effet à cette clôture que vise la compensation financière dans les procès concernant les dommages moraux. Qui accepte une telle compensation entre dans une logique de liquidation de la dette symbolique. Un tel paiement ne peut, en soi, constituer une procédure résolutoire. Celle-ci suppose la reconnaissance de l'offense et de la souffrance causée ; elle rend possible par le jeu des évaluations symboliques une acceptation des compensations qui rétablit l'équilibre brisé ; il y a là une vraie abréaction, c'est-à-dire un processus de reconnaissance et de résolution de l'offense. Au contraire la compensation financière, si elle n'est pas prise dans ce rituel de reconnaissance, devient un moyen brutal de se débarrasser de l'exigence de justice[15] ».

On aperçoit plus clairement à quelles conditions une action civile en réparation pourra entraîner reconnaissance. Il faudra tout d'abord que la dette soit enveloppée dans un « rituel de reconnaissance » ; il faudra ensuite que l'évaluation d'une somme précise soit accompagnée d'une parole politique qui lui donne son sens social au-delà de la technique juridique ; il faudra enfin que l'épilogue apporté au passé n'évacue pas le sentiment que subsiste une dette d'une autre nature. Comment arriver à un tel tour de force ? En articulant le versement de l'argent à une parole de justice.

ARTICULER L'ARGENT À UNE PAROLE DE JUSTICE

La reconnaissance recherchée par les demandeurs s'avère donc particulièrement difficile à obtenir à travers une action en justice : faut-il en conclure qu'elle est impossible ? À quelle condition la nécessaire indemnisation des victimes atteindra-t-elle le double objectif de rétablir des patrimoines lésés et d'apporter un épilogue à une page sombre de l'histoire collective ? L'indemnisation en argent ne retrouve sa vertu résolutoire qu'à la condition d'être intégrée à un rituel politique qui la mette en scène, seulement si elle est précédée d'une parole politique qui lui donne sens.

Une reconnaissance sans frais ?

La justice n'est pas destinée à réaliser cet objectif de reconnaissance, qui est plutôt de nature politique. Mais réciproquement, la reconnaissance ne peut complètement être laissée à la politique, sauf à être instrumentalisée comme le montrent les lois mémorielles en France.

Une loi peut être qualifiée de « mémorielle » à partir du moment où, quoique adoptée par le Parlement selon la procédure législative, son « objet exclusif ou principal est de commémorer ou de reconnaître l'existence d'un événement passé en se bornant à en affirmer la réalité mais sans créer de norme juridique. En particulier, la loi mémorielle ne prévoit aucun mécanisme de sanction, d'indemnisation ou de délivrance d'un titre quelconque[16] ». La première loi mémorielle fut celle du 7 novembre 1918 qui reconnaissait que Georges Clemenceau et Ferdinand Foch avaient « bien mérité de la patrie », ce qui ne leur conférait aucun droit particulier. En revanche, la loi Gayssot qui punit le révisionnisme n'entre pas dans la catégorie de loi mémorielle, pas plus que le décret du 31 mars 2003 qui institue une journée nationale d'hommage aux harkis.

Ces lois mémorielles sont une conséquence de la limitation des pouvoirs du Parlement qui s'empare de la forme législative, faute de pouvoir prendre des résolutions, c'est-à-dire des déclarations de nature politique, qui lui sont interdites par la Constitution de 1958. Un tel détournement de la loi, qui lui retire la valeur de règle pour n'en solliciter que la fonction symbolique, souligne un manque dans le système politique de notre pays : seul le président de la République peut occuper une telle fonction symbolique mais qui est brouillée par la dimension politique de sa fonction. Cela contraste avec le système britannique où la reine d'Angleterre, également souveraine du Canada, a par exemple reconnu par proclamation le 9 décembre 2003 les épreuves et les souffrances subies par les Acadiens et désigné le 28 juillet comme « journée de commémoration du Grand Dérangement », sans que cette reconnaissance entraîne de responsabilité juridique ou financière pour les descendants[17].

Une « pure » loi mémorielle est celle du 29 janvier 2001 reconnaissant le génocide arménien[18]. Plus ambiguë est la loi dite « Taubira » qui, dans un premier temps, avait envisagé d'instaurer « un comité de personnes qualifiées chargées de déterminer le préjudice subi et d'examiner les conditions de réparation dues au titre de ce crime[19] ». L'article fut par la suite abandonné et la loi votée par le Parlement exclut toute indemnisation. C'était sans compter sur l'activisme de certaines associations qui ne tardèrent pas à se manifester. C'est ainsi que le 30 mai 2005, le Mouvement international pour les réparations, dit « MIR », et le Conseil mondial de la diaspora panafricaine assignèrent l'État français pour réclamer des réparations de l'esclavage dont certains prétendent encore souffrir des conséquences. Ils estiment que la traite des esclaves constitue une voie de fait[20] de l'administration française qui ouvre droit à réparation. En vue d'évaluer le préjudice, les demandeurs reprennent l'idée initiale du projet de loi Taubira, à savoir la désignation d'un collège d'experts réunissant des historiens, des sociologues, des économistes et des juristes « afin de déterminer le préjudice matériel, économique et financier qu'a représenté le phénomène de la traite et de l'esclavage pour les populations touchées par le système développé par la France en Martinique ». Ils réclament en outre à l'État une provision de 200 milliards d'euros, qui sera versée et gérée par une « Fondation pour la réparation en Martinique ». L'affaire n'a pas encore été jugée au fond.

Suffit-il de s'excuser ?

Les réparations matérielles sont souvent mises en balance avec les excuses publiques, comme si les deux remplissaient une même fonction. Mais n'est-ce pas faire pencher le curseur trop loin en direction du symbolique ? Les excuses ne sont-elles pas des paroles qui ne coûtent pas bien cher ?

À la différence des indemnisations, les excuses publiques n'entraînent aucun effet concret. Il ne suffit pas de s'excuser pour apaiser une injustice : encore faut-il que les excuses viennent au bon moment et qu'elles soient bien accueillies par ceux auxquels elles s'adressent. Il y a un moment, une fenêtre, un *kairos* pour les excuses : à propos du contentieux des banques suisses, le 7 mai 1945, dans un discours solennel au Parlement, le président de la Confédération, Kaspar Villiger, avait présenté ses excuses au nom de la Suisse ; il avait reconnu que la Suisse avait demandé aux autorités du IIIe Reich d'apposer un tampon « J » sur le passeport des Juifs allemands, afin de les identifier à la frontière. Mais ces excuses n'ont pas suffi : peut-être venaient-elles trop tôt ou n'étaient-elles pas accordées à l'esprit du temps ? Peut-être aussi ne consacraient-elles aucun travail de mémoire, à la différence des excuses présentées par le président Jacques Chirac, qui resteront probablement dans l'histoire comme un moment fort de sa présidence.

Peut-être, enfin, que les excuses du président Villiger souffraient de n'être assorties d'aucune offre de réparation. Sans argent à la clé, les excuses paraissent bien légères ; mais la réciproque est aussi vraie : des indemnisations sans excuses s'avèrent aussi impuissantes à surmonter une période de violences politiques. En témoigne l'exemple du Maroc, où le nouveau régime de Mohammed VI a d'abord voulu indemniser les victimes de la répression sans éclaircir en même temps le contexte politique, ni donc assumer clairement et publiquement son rôle. L'indemnisation n'a pas obtenu l'effet pacificateur escompté : il a fallu créer l'Instance équité et réconciliation. Les indemnisations doivent néanmoins intervenir : un des grands reproches adressés par les victimes de l'apartheid au travail des commissions Vérité et Réconciliation, fut l'absence d'abord, et la faiblesse ensuite des indemnités. Les victimes ont d'ailleurs dû passer, elles aussi, par un tribunal américain à Brooklyn[21].

En février 2007, l'État de Virginie, qui était le cœur des États confédérés pendant la guerre de Sécession, a exprimé la première excuse publique pour l'esclavage et l'exploitation des Indiens par les occupants blancs (*white settlers*[22]). Dans une motion votée par les deux chambres à l'unanimité, les parlementaires ont présenté leurs « profonds regrets ». Ces violations des droits de l'homme sont les atteintes les plus graves aux idéaux de notre nation, ajoutent les parlementaires. Cette déclaration solennelle a été formulée à Richmond, capitale des États fédérés, à l'occasion du quatre centième anniversaire de l'arrivée des premiers immigrants sur la terre d'Amérique. Le Maryland et le Missouri ont entrepris des démarches identiques et certains États ont commencé d'indemniser les Noirs pour ces crimes du passé.

L'importance du récit de justice

La dimension symbolique et performative de l'excuse peut s'accorder avec la fonction instrumentale de l'argent à condition d'être explicitée dans un discours politique. Il semble capital que l'allocation d'une somme d'argent soit précédée d'un récit de justice[23].

Qu'est-ce qu'un « récit de justice » ? Il s'agit moins d'une histoire particulière que d'un schéma narratif, c'est-à-dire un enchaînement entre des faits et des conséquences sous l'action d'un impératif de justice. Divers événements sont isolés de leur contexte historique, sélectionnés et mis en intrigue selon une formule judiciaire. La plus célèbre de ces formules est, pour les Français, sans aucun doute l'article 1382 du code civil qui prévoit que : « Tout fait quelconque de l'homme, qui cause à autrui un dommage, oblige celui par la faute duquel il est arrivé, à le réparer. » Le récit de justice est constitué par la conséquence obligée que provoque le constat du lien de causalité entre une faute et un dommage : le fautif doit réparer sa faute à celui qui en a subi les conséquences.

Ce récit de justice, si célèbre soit-il, n'est pas le seul, loin de là. Songeons à une autre hypothèse : ce n'est plus directement une faute personnelle qui cause un dommage mais un objet (un toit qui s'effondre par exemple) ; dans ce cas, c'est le propriétaire du toit qui devra indemniser car il avait la garde du droit : on parle d'une responsabilité objective. Éloignons-nous un peu plus de la faute et considérons l'indemnisation d'une détention provisoire non suivie de condamnation. Depuis quelques années, il est possible à des personnes ayant été détenues préventivement, de réclamer des dommages et intérêts lorsqu'elles ont été acquittées par la juridiction de jugement. Aucune faute n'est pourtant à imputer au juge d'instruction à qui l'on ne peut reprocher de n'avoir pas anticipé la décision des jurés. L'indemnisation se justifie par le *risque* inhérent au fonctionnement de la justice, qui doit être indemnisé. La responsabilité administrative relève d'un autre paradigme : il serait trop long de les répertorier tous. Il n'y a donc pas *un* mais *plusieurs* récits de justice qui ne sont, pour la plupart, jamais énoncés en tant que tels.

Il n'est pas possible d'attendre que l'indemnisation ait du sens si l'on n'a bien clair à l'esprit à quel récit de justice la référer : la somme d'argent versée à la victime l'est-elle à titre de restitution, de remplacement d'un objet, de réparation d'un préjudice moral, de *punitive damages*[24], de compensation d'un enrichissement sans cause ? Le récit de justice, on le voit, réclame un repérage lexicographique très soigneux que les juristes ont enfermé dans un vocabulaire technique qui n'a plus de sens pour la société.

À quel récit de justice, par exemple, rapporter l'indemnisation des victimes du 11 Septembre ? S'agit-il d'un mécanisme de solidarité devant l'injustice du sort, du type de la Sécurité sociale française ? Cette hypothèse ne rend pas justice ni à la nature, ni à la dimension de l'événement. Les sommes ont-elles été versées à titre de dommages de guerre, du fait d'une agression commise par l'ennemi ? Faut-il se retourner contre les compagnies aériennes et leurs assurances pour défaut de sécurité ? Et ceux qui ont respiré des poussières, les victimes indirectes, doivent-elles se retourner vers l'État de New York ? Chaque récit, on le voit, propose une certaine lecture des faits, trouve des causalités différentes à la violence faite aux victimes. Ce récit doit à la fois profiter des possibilités offertes par le droit (responsabilité contractuelle pour les passagers des avions, professionnelle pour les pompiers et les policiers, délictuelle pour d'autres, etc.), mais il doit également avoir le souci de correspondre au « bon récit » de justice, c'est-à-dire à celui qui colle au plus près aux représentations que s'en fait le public.

Une destination claire

Pour arrêter une somme d'argent, il faut se demander ce qu'elle est supposée faire : réparer ? compenser ? indemniser ? punir ? Quel est l'objectif de justice poursuivi ? Si ce dernier n'est pas précisé, ni mis en scène – associé à des excuses publiques ou à un geste spectaculaire –, le versement de l'argent pourra donner lieu à toutes les interprétations.

Le sentiment de justice ne peut résulter de la transaction qu'à la condition que l'accord sur le montant soit doublé d'un accord sur la signification de ladite transaction. Il est possible de parler d'échec à propos de la transaction signée entre les associations américaines et les banques suisses parce que cet acte ne produisit rien si ce n'est du ressentiment de la part des Suisses. Il y eut bien un transfert d'argent, qui restera cependant improductif politiquement. « Cette *ambiguïté sur le sens* de l'Accord global s'est marquée dans les réactions extrêmement virulentes d'une partie de la population suisse qui s'est exprimée dans les médias helvétiques[25]. » Cette ambiguïté était également induite par les pressions commerciales et politiques qui ont pesé sur la décision finale : quelle fut, en effet, la cause déterminante de la signature des banquiers ? La volonté d'éteindre une dette ou d'acheter la paix ? Un souci de justice ou une opération de sauvetage commercial ? Les banques suisses craignaient pour leur image, car une mauvaise image peut causer des dommages économiques importants à l'heure du capitalisme réputationnel. Les intérêts du marché rejoignent ceux de la justice, mais au prix d'une ambiguïté qui est probablement inéluctable lorsque le privé et le public, l'historique, le politique et l'économique sont à ce point confondus.

Imaginons que les banques suisses commencent par s'excuser publiquement de leur attitude après la guerre et ouvrent une ligne de crédit pour indemniser toute personne qui en ferait la demande, fût-ce avec des justifications sommaires. Il en aurait été bien différemment : la facture totale aurait été probablement moins élevée et le préjudice commercial bien moindre.

Ce qui compte par-dessus tout, c'est l'articulation de la parole et de l'argent, plus exactement encore, la subordination d'un versement à une parole qui lui donne sens. Si je commence à m'excuser et que je dédommage ensuite, cela n'a pas le même sens que si je paie tout en disant que je n'y suis pour rien. Comme l'a montré l'affaire des banques suisses[26], si le versement de l'argent est délié du récit, celui-ci peut faire l'objet d'interprétations différentes et, loin d'amener avec lui la paix, il réveille le ressentiment.

Il n'est donc pas possible de séparer l'argent de sa signification publique. L'argent n'a pas de signification en soi mais la reçoit d'une parole politique. Doit s'instaurer ainsi une chronologie, un ordre entre la parole politique, le récit de justice et le versement de l'argent. Le symbolique *précède* le monétaire comme le politique précède le juridique.

L'argent, gage d'une nouvelle relation

L'argent est subordonné au récit de justice, il se fait l'exécuteur de son programme mais il en est également le soutien. Si l'argent perd sa qualité d'équivalent universel pour la réparation de préjudices aussi massifs et irréparables que ceux que génère l'histoire, il ne doit pas pour autant être disqualifié, car il remplit une autre fonction capitale : celle de *gage*. Au-delà de la prétention de réparer authentiquement les victimes de leurs pertes, les réparations peuvent symboliser l'engagement d'une société à ne pas oublier ou à ne plus nier une page de son histoire, et à respecter dorénavant une communauté affectée par des injustices passées. C'est bien ce que reprochent les femmes de réconfort au gouvernement japonais : l'important n'était pas de percevoir de l'argent, mais que cet argent soit bien donné comme gage du repentir du Japon ; qu'il s'agit bien d'un crime d'État, ce qu'aurait signifié le fait que l'argent soit puisé dans le Trésor public.

« Les paiements apportent un gage de bonne foi et de sincérité à la reconnaissance[27]. » L'argent prend valeur de *gage*, c'est-à-dire qu'il doit apporter du crédit à un *engagement*. La croyance dans la bonne foi de celui qui répare, on l'a vu, est une condition essentielle du succès des excuses. Celles-ci ne peuvent donner le sentiment d'un véritable engagement que si quelque chose est donné en gage. Il est donc essentiel que les victimes sentent que la politique d'indemnisation est animée par un désir réel et honnête, de bonne foi (*earnest*) de réparer les fautes commises dans l'histoire.

Considérer l'argent versé à titre de gage invite à tourner le regard : son objet n'est plus de trouver une juste proportion entre les biens mais de garantir une relation entre des personnes. L'argent devient le gage d'une volonté de reconnaissance et du désir de réparer une relation politique dégradée. L'idée de gage change également le rapport au temps : si les réparations sont censées compenser un préjudice passé, le gage est au contraire tourné vers l'avenir.

Lorsqu'il prend valeur de gage, l'argent se fait plus modeste que lorsqu'il prétend réparer l'histoire : il assume la part d'irréparable du préjudice historique. Lorsqu'elle passe, la justice distingue entre le réparable et l'irréparable, entre ce qui est susceptible d'une réparation et ce qui ne peut l'être. Qu'il s'agisse du procès pénal ou du procès civil, ce moment de justice est capital : il coupe le temps entre l'histoire encore vive, grosse de ses injustices non reconnues et de ses dettes non payées, et le temps apaisé de la mémoire et de la « piété » à l'égard des victimes.

En s'émancipant de la volonté – folle – de réparer intégralement un préjudice, la somme versée s'éloigne du *dû* pour se rapprocher du *don* ; ou plus exactement du contre-don. L'argent proposé assume son caractère symbolique et prend le sens d'une offre de réconciliation. La logique du don s'oppose autant à la justice commutative que distributive parce qu'on ne donne pas pour honorer un impératif de justice, mais on donne *à* quelqu'un. Alors que dans la relation juridique, la réciprocité est pétrifiée dans le formalisme de la loi, la relation don/contre-don instaure une reconnaissance mutuelle entre celui qui donne de son plein gré et celui qui accepte de recevoir. L'argent versé n'a plus pour fin le paiement mais vise à signaler un endettement, de surcroît insoldable. Rêve de militant ? Fantasme idéaliste ? L'histoire de la construction européenne, qui se construit sur un endettement mutuel, nous dit que non.

Chapitre 10

POUR UN DÉSENDETTEMENT MUTUEL PAR LA POLITIQUE

Comment trouver le bon récit de justice, celui qui donnera un sens à d'éventuelles réparations et permettra de les dépasser ? Le droit, dans ces affaires, n'est le plus souvent utilisé que comme moyen de *mobilisation politique*. Même lorsqu'ils sont aboutis comme dans le cas de Black Hills[1] ou de Mabo, les arrêts ne sont pas exécutés ou n'ont que peu d'effets[2] ; et pourtant les conséquences politiques sont immenses : une réforme constitutionnelle est envisagée, ainsi que divers projets de lois.

La plainte civile n'est qu'une phase dans un processus qui la dépasse : réclamer justice est la première étape pour revenir à la *philia* politique, pour relancer une formalisation de la reconnaissance mutuelle. Cette étape judiciaire est une étape intermédiaire entre l'absence de reconnaissance – aussi bien absence de reconnaissance de dettes que de reconnaissance de l'autre – et la reconnaissance mutuelle qui ne peut être que d'ordre politique. Ce n'est pas sur le plan des idées qu'il faut chercher la réponse à cette question sur le bon récit de justice, mais plutôt dans les expériences historiques de dépassement de l'histoire par un acquittement généralisé des dettes. Une tentative a consisté à tenter de réorganiser la politique – notamment internationale – autour du projet d'un apurement généralisé de toutes les dettes de l'histoire. Ce fut l'esprit de la conférence de Durban qui s'est tenue début septembre 2001 et qui fut un échec. Échec qui peut être mis en regard avec la construction européenne qui a adopté une stratégie inverse : un désendettement mutuel par la politique.

DURBAN, LE RÊVE D'UN APUREMENT GÉNÉRALISÉ DE TOUTES LES DETTES DE L'HISTOIRE

Le projet de la conférence de Durban, organisée par l'ONU début septembre 2001, était de lancer au niveau planétaire un processus de « guérison du passé » (remarquons au passage la métaphore thérapeutique) par la reconnaissance des crimes, l'expression publique du repentir, des programmes volontaires de réparations et l'élaboration d'un récit des crimes de l'histoire partagé par tous, victimes comme bourreaux, anciens colonisateurs comme anciens colonisés. L'ambition était de « refonder symboliquement la communauté internationale[3] ». En d'autres termes, il s'agissait de faire disparaître définitivement de la planète ce troisième type de relations qui n'est ni un rapport d'amitié, ni d'inimitié et d'affrontement mais de mépris et de déshumanisation. La conférence devait permettre aux uns de formuler leurs dettes et aux autres de les assumer, en postulant que la mise en scène de cet endettement purgerait, au moins symboliquement, les relations internationales de leurs dettes accumulées – dettes de sang aussi bien que dettes financières. Profitant de l'expérience sud-africaine des commissions Vérité et Réconciliation, les organisateurs avaient envisagé de donner la parole aux victimes de la colonisation et de l'esclavage en présence des maîtres d'hier, le tout dans une grande cérémonie cathartique.

On n'assista à rien de tout cela mais plutôt à une excitation des haines, à une concurrence des victimes dont le centre symbolique fut l'Holocauste. La conférence se situe en effet juste après une décennie marquée par la création des tribunaux pénaux internationaux, par le traité de Rome instituant la Cour pénale internationale, mais aussi par les commémorations de la libération des camps nazis, par les actions contre les banques suisses en indemnisation de l'Holocauste, par la repentance ; autant d'événements qui ont pour épicentre la destruction des Juifs d'Europe. L'importance accordée à la Shoah par les Occidentaux réactive les blessures symboliques des autres communautés mémorielles qui s'estiment elles aussi victimes, mais se vivent comme « exclues du nouvel ordre victimaire[4] ». L'Holocauste va donc jouer un rôle crucial dans la construction de cette concurrence des victimes et dans la surenchère des réclamations financières. Mais ce symbole joue à contre-emploi : au lieu de réunir, il divise, il excite les passions. La contestation de l'hégémonie américaine et européenne s'exprime par une remise en cause de l'unicité de cet événement : si la souffrance des Juifs sert à étalonner toutes les autres, celle de l'esclavage et de la colonisation est bien pire, disent les représentants des peuples qui furent colonisés.

« Nous exigeons que l'esclavage et le colonialisme soient reconnus comme un double Holocauste et comme crimes contre l'humanité, affirme Alioune Tine, un des porte-parole des ONG africaines, et nous exigeons réparation de la part de l'Occident pour le pillage des matières premières, le déplacement forcé des populations, les traitements inhumains et la pauvreté actuelle de l'Afrique, fruit de cette histoire de crimes et de spoliations. » « Le racisme et la discrimination sont générés, produits et reproduits par la logique et l'expansion du capitalisme sous sa forme dite libérale, renchérit le politologue égyptien Samir Amin, et celui-ci ne peut produire que l'apartheid à l'échelle mondiale[5]. »

S'entrechoquent à Durban, comme l'illustrent ces deux citations, deux référentiels : la lecture tiers-mondiste et marxiste en termes de rapports de force et de ségrégation par l'économie, très en vogue dans les années 1970, d'une part, et, de l'autre, un vocabulaire humanitaire et juridique centré sur le crime contre l'humanité et la repentance, typique des années 1990. Le mélange est détonnant et conduit à formuler les revendications proprement politiques d'égalité dans le langage éthico-juridique de la dette. Il montre jusqu'à la caricature la difficulté d'adopter un même vocabulaire juridique pour les rapports entre les personnes et les relations entre États. Le paradoxe de cette conférence de Durban fut de voir des représentants de peuples non occidentaux s'élever contre les ravages commis principalement, sinon exclusivement dans l'esprit de quelques-uns, par l'Occident, tout en adoptant le même rapport à l'histoire et les mêmes valeurs que ce dernier.

Plusieurs pays africains radicaux réclament des réparations financières sur la base d'une égalité de traitement avec les autres victimes de crime contre l'humanité, en particulier juives. D'autres dirigeants ne partagent pas cette ligne dure, le plus souvent par pragmatisme : ils savent qu'il faudra négocier avec les gouvernements occidentaux et ils craignent également que les réparations financières n'empoisonnent les relations entre Africains du continent et descendants d'esclaves. Pour se sortir de ce point délicat, les présidents du Sénégal, du Cap-Vert, du Nigeria et de l'Ouganda proposent de créer un programme de développement pour l'Afrique qu'Abdoulaye Wade appelle la « nouvelle initiative africaine ». Au titre des réparations, les États africains exigent, comme à Dakar et comme le demandent les ONG, le retour des terres et des œuvres d'art en mains africaines, l'annulation de la dette, une indemnisation financière pour les descendants d'esclaves, prenant diverses formes, dont la mise sur pied de programmes de discrimination positive.

Le secrétaire général de l'ONU, Kofi Annan, avait eu la prudence de proposer l'idée de réparations volontaires, en soulignant que « le passage des générations a brouillé les responsabilités de l'exploitation et de l'extermination des peuples autochtones par des puissances coloniales et l'utilisation de millions d'êtres humains comme marchandises ».

Cela apparut aux yeux de beaucoup, comme le représentant de la Zambie, qui présidait l'Union africaine, comme une « inacceptable aumône » et qui revendiqua « un mécanisme international de compensation pour les victimes du commerce d'esclaves et un Fonds de réparation pour le développement de façon à fournir des ressources supplémentaires destinées au développement des pays affectés par le colonialisme[6] ».

Les pays occidentaux étaient prêts à faire un geste symbolique de repentir pour les crimes de l'esclavage et de la colonisation, mais refusaient d'être désignés comme les seuls responsables de tous les maux de l'Afrique. Les Américains redoutaient en plus d'avoir à prendre des engagements en matière de réparation de l'esclavage pour la communauté afro-américaine, et les anciennes puissances coloniales voulaient surtout verrouiller toute future action civile en indemnisation pour les crimes commis pendant l'ère coloniale. Il fallait donc éviter de reconnaître l'esclavage comme un crime contre l'humanité (ce que la France avait déjà fait par une loi !).

La conférence se termina sur un texte de compromis déclarant que l'esclavage est tenu pour « un crime contre l'humanité qui aurait toujours dû être reconnu comme tel ». La formulation était suffisamment floue donc pour que les Africains pussent croire qu'elle ouvrît la porte à des réparations devant les tribunaux, et que les Occidentaux pussent penser le contraire et estimer qu'ils avaient évité le pire. Le Canada demanda (sous les huées) d'inscrire une réserve soulignant qu'« un crime contre l'humanité ne peut être poursuivi s'il ne l'était pas à l'époque où il a été commis ». Les Européens n'ont pas davantage présenté d'« excuses », ni offert de « réparations ». Ils se sont bornés à reconnaître les « fautes » commises du temps de « l'esclavage et du colonialisme », promettant une aide économique à l'Afrique – en se gardant bien de la chiffrer.

Le rêve de Durban, de nature cosmopolitique, était d'apurer les dettes toutes ensemble. De fonder une nouvelle politique sur une remise généralisée des dettes de chacun à chacun, de façon à partir d'un nouveau pied. Le résultat fut catastrophique. L'erreur de Durban fut de tout miser sur les dettes en négligeant le système politique international classique, c'est-à-dire les rapports entre États, qui ont repris le dessus. Il s'est avéré impossible de faire coexister ensemble ces deux systèmes de références. Alors que la conférence de Durban a tenté de construire un nouveau système à partir de la reconnaissance et de la liquidation des dettes du passé, le projet européen, comme on va le voir, emprunte le chemin exactement inverse : il tente d'évacuer le problème de dettes en construisant un système politique interétatique.

LA CONSTRUCTION EUROPÉENNE : UN DÉSENDETTEMENT MUTUEL PAR LA POLITIQUE

L'élargissement de l'Europe à l'Est, loin d'éteindre définitivement les dettes du passé, les a réveillées. La perspective de l'intégration européenne a ravivé une certaine animosité liée aux séquelles de la Seconde Guerre mondiale, moins dirigée envers l'Allemagne – qui a largement payé ses dettes – que depuis l'Allemagne vers certains de ses voisins. Pas de la part du gouvernement allemand, bien sûr, mais de la part de certains groupes d'Allemands expulsés des Sudètes, de Silésie ou encore de Prusse-Orientale.

L'union des déplacés (Bund der Vertriebenen[7], BdV) a été fondée en 1958 pour défendre les intérêts des populations allemandes déplacées après 1945. Il représente une certaine force électorale en Bavière, land où s'est concentrée une bonne partie des Allemands des Sudètes. Ce poids a diminué suite aux dédommagements importants versés dans les années 1970 par le gouvernement allemand. Le BdV fit à nouveau la une des journaux lorsqu'il demanda que l'adhésion des pays voisins à l'Union européenne soit suspendue à des dédommagements matériels, à la restitution des anciens biens des expulsés, voire à des gestes symboliques ou juridiques comme l'abrogation des fameux « Décrets Beněs[8] ». Pour ne pas limiter sa demande à des considérations financières, le BdV décida en 1999 de créer à Berlin un Centre contre les expulsions. Loin de chercher à rapprocher le destin de toutes les personnes déplacées pendant cette période mouvementée, le centre s'appela « Centre des 15 millions », en référence au chiffre revendiqué par le BdV[9] des seuls expulsés allemands.

Un communiqué de cette organisation justifiait son action par la nécessité de commémorer « la plus grande action d'expulsion et de violence qui ait jamais eu lieu[10] ». Le BdV ne commet pas la même confusion que les ONG africaines à Durban : il accorde son vocabulaire à la nouvelle rhétorique humanitaire, et compare le sort des déplacés allemands à celui des Bosniaques ou des Kosovars en récupérant ainsi l'émotion causée en Europe par l'épuration ethnique en ex-

Yougoslavie. Le discours du BdV évite soigneusement toute référence à l'histoire de la Seconde Guerre mondiale et congédie toute considération de politique internationale (à la différence de ce qu'on a constaté à Durban où les intervenants, au contraire, les confondaient). Le BdV opère une radicale séparation entre les relations internationales et le nouveau vocabulaire fondé sur les droits et le crime contre l'humanité. Il tire profit de l'anhistoricité et de l'apolitisme du discours des droits de l'homme pour isoler le sort des Allemands déplacés de toute référence historique. Si des allusions sont faites aux crimes nazis, c'est pour s'identifier implicitement aux victimes et jamais, bien entendu, pour faire le lien entre leur sort et ces mêmes crimes. Les doléances du BdV se réclament du droit ; mieux : elles n'invoquent *que* le droit. Est-il possible de fonder sa lecture de l'histoire exclusivement sur le droit ? La mise en avant de la victimité, la seule qualification juridique coupée de son contexte, débouche en effet sur un brouillage historique et se prive de toute compréhension... jusqu'à confondre le bourreau et la victime. Les revendications du BdV offrent un cas d'école de ce que peut devenir le discours des droits de l'homme quand il a totalement rompu avec l'histoire et la politique. Est-il possible de délier à ce point les individus de leur peuple et de la responsabilité de celui-ci ? Certes, la plupart d'entre eux[11] ne sont absolument pour rien dans le sort qui leur a été réservé, mais ils sont solidaires de l'histoire de l'Allemagne.

On ne sera pas surpris de la réaction d'un Wladislaw Bartozewski (résistant et ancien déporté à Auschwitz) et d'un Marek Edelman (héros du ghetto de Varsovie), qui refusèrent de placer les victimes allemandes au premier plan, et dénoncèrent l'amnésie sur les crimes inimaginables qu'ont commis les nazis. Un projet alternatif fut créé à Wroclaw mais d'une tout autre inspiration : le Centre européen d'information sur les expulsions, fondé sous l'impulsion de célèbres dissidents polonais. Celui-ci ne faisait aucune différence entre les souffrances des différents déplacés d'Europe centrale. La réaction des conservateurs polonais fut moins magnanime : ils proposèrent de présenter à l'Allemagne la « facture » de la destruction d'une partie de Varsovie par les nazis pendant la Seconde Guerre mondiale.

Les revendications du BdV ne furent jamais soutenues par le gouvernement de l'Allemagne et se virent opposer une fin de non-recevoir par le gouvernement tchèque. Vaclav Havel fit un geste symbolique en présentant des excuses officielles au peuple allemand dès janvier 1990. Dans une déclaration bilatérale de 1997, les deux pays reconnaissaient les « torts et injustices » infligés de part et d'autre entre 1938 et 1945 et s'engageaient « à ne pas entraver les relations futures avec des questions d'ordre juridique ou politique liées au passé[12] ».

Ces actions d'associations allemandes, ainsi que d'autres en Roumanie ou en Slovaquie dénonçant notamment le sort favorable que la Hongrie réservait à ses nationaux se trouvant dans d'autres pays, obligèrent l'Europe à réagir. Le Parlement européen recommanda qu'« à l'exemple de la déclaration germano-tchèque de 1997, les États membres, présents et futurs, signent une "déclaration européenne" commune comprenant une reconnaissance mutuelle des crimes contre l'humanité, des atrocités et des injustices commises durant et après la Seconde Guerre mondiale et exprimant leurs regrets à ce sujet ainsi que l'engagement de pleinement embrasser les valeurs et objectifs communs de l'intégration européenne en tant qu'ils fournissent des moyens efficaces pour surmonter les anciennes divisions, hostilités et préventions enracinées dans des interprétations politiques et historiques du passé nationalement déterminées[13] ».

Positiver l'endettement mutuel

Rêver d'un monde totalement acquitté, qui pourrait repartir « à zéro » une fois son passif apuré et ses comptes soldés, est aussi illusoire que de penser un univers sans culpabilité, un monde retourné à son innocence originelle. Mieux vaut accepter que ces dettes historiques ne sont pas soldables, qu'aucun pays ne peut se dire définitivement acquitté et que nous ne serons jamais quittes les uns envers les autres. Mieux vaut accepter d'être endettés par l'histoire, par des créances que l'on ne peut apurer, mais que l'on peut peut-être positiver. C'est en tous les cas le pari de la construction européenne.

« La dette peut être infinie mais engendrer non pas la culpabilité, ni même un désir d'acquittement, mais un sentiment de reconnaissance et le désir de donner à son tour, tout en sachant que l'on ne sera jamais quitte. En fait, personne n'est tout à fait jamais quitte à l'égard de tous ceux qui ont été les plus importants dans notre vie : parents, amis, amours, maîtres. L'idée d'être quitte est finalement la manière marchande de régler le problème de la dette, en la liquidant et en quittant la relation, en signant une *quittance* ! Or ce n'est pas en sortant du lien qu'une dette sociale est résolue, mais en l'assumant, en la reconnaissant et en donnant à son tour[14] ». C'est ce que Jacques Godbout appelle l'état de *dette mutuelle positive*.

Être endetté constitue un état qui peut être vécu négativement ou positivement : de cette impossibilité comptable ou juridique que constitue l'endettement mutuel peut naître une dynamique positive à l'exact opposé de la concurrence des victimes. La différence entre un échange marchand et cet échange plus fondamental de nature politique, c'est le rapport au temps et à l'espace. Celui-là est partiel, ponctuel, il élimine la dette alors que celui-ci nous constitue en ensemble : il crée un tissu d'échanges inextricables. La seule manière de sortir de cet endettement est peut-être de payer, mais là n'est pas la question. La meilleure manière d'assumer ce passé est de l'assumer ensemble et d'y voir une dette mutuelle positive. Mutuelle en ce qu'il incombe au colonisateur d'assumer la part prédatrice de la colonisation, mais aussi en ce qu'il demande à l'ex-colonisé d'assumer qu'il a gardé de cette période un « butin de guerre », sous forme d'infrastructure, voire d'usage de langues universelles. En plus d'être pure provocation, la loi du 4 février 2005 déliait les aspects positifs de la colonisation de ses aspects négatifs !

Il faut donc dépasser la réplique négative, qu'elle soit le fait des victimes demanderesses ou des défendeurs culpabilisés. La solution à la concurrence des victimes n'est certainement pas à chercher dans le souci d'acquitter toutes ses dettes : cela serait infini parce qu'il s'agit de l'histoire. Le propre de ces actions, on l'a vu, est de réclamer des dettes à la fois *justifiées* et *impossibles* à liquider par le droit positif et la justice. Cette impossibilité de la réparation, qui est une des caractéristiques des préjudices de l'histoire, reporte nécessairement dans l'avenir la résolution du conflit. En reconnaissant le tort passé, nous nous engageons à ce qu'il ne se reproduise plus. En d'autres termes, seule une promesse d'ordre politique peut réparer utilement le passé.

L'Europe, une communauté d'endettés mutuels

Les expériences de Durban et de l'Europe montrent les limites du projet cosmopolitique du droit, d'un cosmopolitisme naïf qui voudrait plaquer directement sur les rapports entre les nations ce qui a fait ses preuves dans les rapports entre particuliers appartenant à un même espace juridique. Cette transposition n'est pas possible car les États ne sont pas des personnes et parce que le droit ne suffit pas pour fonder une politique.

Plutôt que d'apurer une à une toutes les dettes entre les particuliers blessés par l'histoire – tâche dangereuse et surtout impossible aussi bien économiquement que juridiquement ou politiquement –, l'Europe a sublimé ces dettes de l'histoire par une réactivation de l'histoire ; elle propose un désendettement non par un paiement mais par l'engagement de ne jamais payer ces dettes. Elle fait le pari que ce non-paiement, loin de faire gonfler le ressentiment, sera au contraire le meilleur garant de la paix. En échange de ce non-paiement, l'Europe a organisé des transferts collectifs qui ne répondent à aucune obligation juridique, ni même à aucune logique économique, mais qui ont des raisons politiques : pour créer un espace commun, un territoire dans lequel chacun se sente l'obligé du tout. Cet espace politique n'est pas assimilable à un État où la solidarité est plus forte, ni réductible à un simple marché. Précisément à cause des dettes : parce que dans un marché, l'intérêt économique justifie à lui seul le lien entre les partenaires. En Europe, la circulation d'argent, qui positive cet endettement mutuel et inextricable, a valeur de lien. Il est le gage de la paix. Les dettes sont toujours là mais, comme les Érynnies transformées en Euménides, elles nous rappellent qu'on ne peut plus être étrangers ni ennemis comme le seraient des débiteurs insolents ou des créanciers impitoyables. De tels transferts financiers font des Européens des endettés mutuels. C'est tout un travail politique que de créer une communauté d'endettés mutuels forte de plusieurs centaines de millions de personnes. La dette est référée au passé, la subvention est orientée vers l'avenir : à la stricte équivalence de la dette se substitue la générosité d'une solidarité prometteuse. La monnaie unique renforce ce lien, s'il est vrai que la monnaie est une dette collective[15].

La dette change alors de sens : elle est source d'obligation mais d'une obligation positive de loyauté à l'égard de ceux qui nous ont libérés du paiement. Les dettes sont éteintes non par un acquittement individuel mais par la suppression de ce qui les a causées : la division violente, la rivalité mortelle entre États. Les dettes ont changé de mains : elles ne sont plus dues à leurs titulaires originels mais au tout. D'un univers de culpabilité et de revendication, l'Europe invite à passer dans un monde où le lien n'est plus engendré par le droit acquitté qui semble insuffisant pour provoquer la reconnaissance, mais par la participation à une œuvre commune. Elle invite les peuples et les groupes à s'éloigner de cette comptabilité mortifère, pour considérer l'Europe comme une tâche à accomplir.

Seule la politique peut opérer cette mutation ; c'est la force de la politique que de pouvoir positiver le passé, de pouvoir rouvrir un avenir, sortir d'un temps grevé par tant de dettes. La relation entre les différents pays européens, notamment à propos de l'élargissement, n'est pas de l'ordre de la réciprocité mais bien de la reconnaissance réciproque, de l'asymétrie assumée.

Retrouver la politique

Ces réclamations ont un effet paradoxal : elles introduisent une certaine distance dans un lien national en rappelant les brûlures de l'histoire, notamment lorsqu'elles vont chercher devant une juridiction étrangère l'autorité pour rouvrir de vieux dossiers. Peut-être ce détour par l'étranger et par l'universel est-il nécessaire pour regarder son histoire en face. Ce faisant, ces actions ont obligé les cultures nationales à de douloureuses prises de conscience qui ont un peu terni l'éclat des mythes nationaux : c'est vrai de la Suisse aussi bien que du Canada, de la France et des États-Unis. Aucune nation, même la plus puissante, n'en sort indemne. Mais elles ne peuvent atteindre leur objectif politique de reconnaissance et prétendre relancer les relations politiques, sans assumer une certaine *clôture* aussi bien spatiale que temporelle. Elles ne peuvent en effet se réaliser qu'en référence à une communauté de destin qui reparticularise un pays ou une région du monde comme l'Europe. Vouloir réparer une relation politique détériorée, c'est lancer une nouvelle offre politique, celle d'une amitié politique nouvelle, qui n'a plus pour seul vis-à-vis l'inimitié, le rapport à l'ennemi, mais aussi le déni de reconnaissance de l'autre homme, celui que l'on n'avait jamais considéré comme un partenaire, le descendant d'esclave, l'ex-colonisé. « Si nous sommes une communauté d'étrangers, se demande Michaël Sandel, que pouvons-nous faire d'autre que de donner la priorité à la justice[16] ? » Si nous voulons être une communauté de citoyens, avons-nous d'autre choix que de reconnaître nos dettes et de nous reconnaître entre nous ?

Une telle ambition ne peut se réaliser non plus sans prendre en considération le temps, comme lieu de projection collective. Ce que montre l'expérience de la construction européenne, c'est que seule la projection dans l'avenir délivre des errements du passé, seule une promesse peut délier de la réclamation stérile de sa dette. Il ne peut y avoir d'espoir de désendettement mutuel positif sans un nouveau pacte, terme qui doit être pris dans son sens étymologique, c'est-à-dire comme instrument de paix.

À la redécouverte de la nécessité d'un territoire et d'un temps collectif, il faut ajouter enfin l'État. Cette projection dans un avenir commun, limitée à un espace géopolitique déterminé, a besoin d'un acteur collectif, et pas n'importe lequel. Le politique et la forme si particulière de se regrouper pour agir ensemble qu'est l'État (qui est irréductible à une partie civile car il désigne au contraire le tout, la totalité) sont les instruments pour nous inscrire dans le temps particulier qui est celui l'histoire, c'est-à-dire celui de l'action des hommes. Ce temps-là est inaccessible à la justice. L'action judiciaire a valeur de métaphore mais devient impuissante si elle ne repose pas sur un élément tiers (un des points aveugles de la philosophie politique des partisans des actions en réparation est précisément de ne pas voir la nécessité d'un tiers pour garantir l'application du droit civil, tiers qui devient problématique lorsque l'on se situe au plan global). Seul l'État peut dépasser les risques de concurrence des victimes (quoi qu'en pensent ces mêmes partisans, notamment américains, qui n'ont pas pris conscience du nationalisme qui se cachait derrière leur universalisme). Stuart Eizenstat, qui a été au centre du contentieux de l'Holocauste, reconnaît que ces accords n'auraient pas été possibles sans les gouvernements. « Plus jamais, explique-t-il, je ne risquerais le prestige du gouvernement américain en essayant de mettre fin à des poursuites contre des entreprises étrangères si l'autre gouvernement n'était pas prêt à s'engager directement. Sinon je serais une nouvelle fois en butte aux sautes d'humeurs d'interlocuteurs privés indisciplinés et, contrairement aux gouvernements, incapables de prendre un peu de hauteur[17]. » Les groupes activistes, les minorités mémorielles ne peuvent prétendre à la même force de médiation de l'État qui seul nous permet de nous inscrire dans l'histoire, de faire histoire.

CONCLUSION

Ce livre s'est ouvert en reconnaissant deux fonctions aux actions en réparation des préjudices de l'histoire : un objectif affiché – mettre fin à une injustice historique par une indemnisation – et un but implicite : réduire l'éloignement entre des hommes en lui donnant forme politique. Ces actions ont-elles tenu leurs promesses ? Le premier objectif avoué semble encore très loin, s'il est d'ailleurs réaliste, ce qui n'est pas certain. Les actions qui ont abouti sont rares et les sommes allouées le plus souvent sans proportion avec le préjudice. Le second objectif, c'est-à-dire de stimuler une communauté politique dont les demandeurs se sentent exclus, réclame une évaluation plus fine, et le bilan semble plus positif.

Ce livre ne se referme pas pour autant sur une invalidation globale et générale des actions en réparation de l'histoire, ni sur une apologie de la politique-puissance. Il ne se termine pas non plus sur une défense un peu naïve de ces actions en réparation, dont nous n'avons pas cherché à masquer les contradictions, voire l'impossibilité de principe. Non, notre réponse, tout au long de ce livre, s'est montrée nuancée, à l'image de l'ambiguïté originelle qui frappe ces actions. Si la transposition du droit civil aux relations politiques s'avère *in fine* décevante, elle ne doit pas pour autant être disqualifiée, car la vertu de ces actions ne réside pas dans leur issue judiciaire mais dans leur effet politique.

Chacune des questions auxquelles nous avons tenté de répondre en seconde partie, s'est terminée par un appel à la politique. L'histoire est-elle un préjudice réparable ? L'indemnisation se heurte non seulement à des difficultés insurmontables (aussi bien en raison de l'éloignement dans le temps que du caractère massif du préjudice) mais soulève aussi un problème de fond : faut-il à tout prix remettre les parties dans le *statu quo ante* ? L'enjeu n'est-il pas plutôt de refonder une communauté politique à partir de l'aveu d'un endettement mutuel ? La voie civile est-elle la plus appropriée dans un espace global ? Les réclamations risquent de nous entraîner dans une inquiétante et stérile concurrence, qu'aucun tiers ne pourra stopper. L'acquittement de la dette entraîne-t-il *ipso facto* un effet de reconnaissance ? L'argent à soi seul n'exprime rien, s'il n'est mis au service d'une parole politique. La reconnaissance, qui est de l'ordre du don, s'accommode mal du projet de la justice, qui est de trouver des équivalences justes. Peut-on, enfin, refonder le système international sur l'apurement des dettes comme l'a rêvé un instant l'ONU ? Le fracassant échec de Durban a mis fin à ce rêve.

RETROUVER LA POLITIQUE DE MANIÈRE RENOUVELÉE

La désarticulation du droit, de la morale et de la politique

Il semble difficile de transposer au monde les règles du droit civil, qui ne peuvent s'épanouir qu'à l'intérieur d'un État qui en garantit l'application. D'autant que ces affaires se réclament du droit mais ne le respectent pas, choisissent la voie civile mais à des fins de reconnaissance, chiffrent leurs demandes en même temps qu'elles les déclarent incalculables, choisissent la voie civile mais à des fins politiques. Ce qui fait la force de la responsabilité civile, sa précision, sa capacité à évaluer avec le secours des chiffres, est tout à coup paralysé. Ces affaires montrent l'impossibilité de s'en remettre complètement au formalisme juridique et au formalisme de l'argent. La justice civile est convoquée mais les formes du droit sont immédiatement congédiées parce que inopérantes, considérées trop tatillonnes comparées à une justice aussi évidente et aussi absolue. Bref, elles se réclament du droit comme signifiant mais le refusent lorsqu'il impose des limites.

Ces réclamations n'ont de cesse que de brouiller la séparation entre droit et politique, que d'enjamber la frontière entre le droit et la morale, que d'annuler des limites territoriales du droit : la morale est libérée du droit, le droit est libéré de la politique et la politique du territoire. D'où un double risque d'infini et de radicalité. Infini d'une demande qui ne peut être mesurée (alors qu'elle passe par des chiffres), d'une demande inexprimable parce que l'argent en est à la fois le support et la négation, d'une demande interminable que plus personne ne maîtrise.

Ces actions ont tenté de contourner l'État et la politique en passant par le droit civil plutôt que par le pénal, par l'argent plutôt que par la peine, par des pressions plutôt que par la procédure, par des acteurs privés plutôt que par la puissance publique ; ou plus exactement, en confondant tous ces registres. Elles désarticulent le compromis westphalien qui tenait droit, morale et politique dans un même territoire ; elles montrent également leur difficulté, voire leur incapacité, à les réarticuler : la morale est libérée des contraintes du droit, le droit est libéré de la politique et la politique du territoire.

Ces affaires révèlent les limites de la judiciarisation tant qu'elle n'est pas complétée par une réflexion sur la politique. La solution à cette concurrence de tous les créanciers de l'histoire n'est pas à chercher dans le droit : elle se fait par des accords politiques et non pas dans une fuite en avant éperdue qui ne parle plus qu'en termes d'humanité. Une justice conçue en termes trop universels devient un peu inquiétante : cette illimitation contient quelque chose d'antipolitique. Le droit risque de devenir – comme la théologie, la technique ou l'économie à des titres différents – facteur de dépolitisation. Qu'est-ce qui pourra l'arrêter si ni le temps, ni l'espace, ni les formes ne remplissent plus ce rôle ? Il faut penser le droit comme limite, ce qui ne sera possible qu'à la condition de le rapporter au destin d'une communauté politique historique particulière.

Ces actions révèlent en creux la nécessité de la politique, entendue aussi bien comme récit qui donne un sens à la coexistence humaine, que comme *philia*, c'est-à-dire comme volonté sans cesse réaffirmée de former une société et donc de construire une histoire commune, et comme lieu d'action collective pour agir dans un monde incertain.

L'inventaire des difficultés recensées en seconde partie pourrait être désespérant pour les victimes. Ne risque-t-on pas en effet d'en conclure, un peu hâtivement, que toute réparation de préjudices de l'histoire est impossible et que la justice devrait renoncer définitivement à se lancer dans une telle entreprise ? Cela serait injuste car certaines de ces affaires, notamment lorsqu'elles visent à la restitution d'avoirs bancaires, d'objets, d'œuvres d'art par exemple, ne posent aucun problème. Il en va différemment, on l'a vu, des réparations qui soulèvent plus de difficultés ; mais même pour elles, il faut se méfier des objections de principe. Cela fait oublier qu'elles ont valeur de signe, négliger les nouvelles attentes de justice qui caractérisent notre époque. L'impossibilité de s'acquitter de la dette par les voies classiques de la justice civile ne disqualifie pas celle-ci, mais elle oblige à chercher le dénouement hors du droit et à inventer d'autres modes de réparation. L'analyse de ces affaires de réparation des préjudices de l'histoire invite à retrouver l'histoire et donc la politique, mais de manière renouvelée. Par rapport au modèle westphalien précédent, l'approche par la dette empêche l'hégélianisme implicite d'une histoire qui ne peut se détacher de celle des États, d'une histoire sans « autre » ; le paradigme du droit civil, avec les idées de patrimoine, de propriété, de responsabilité, de contrat qui lui sont attachées, éclaire une face jusqu'ici un peu négligée des droits de l'homme, en leur conférant une version patrimoniale. Ces actions en réparation pointent vers une sorte de droit naturel de la dette, qui demeure une ressource inépuisable pour réguler les affaires humaines. Elles leur offrent un vocabulaire fondamental et universel, qui traverse toute société. Et la dette, qui n'est la propriété ni des juristes ni des économistes, ne peut être réduite aux problèmes techniques de son recouvrement : elle est avant tout un système de signifiants, une machine à symboles pour réduire la distance et à apprivoiser l'altérité ; la voici à présent transposée aux relations globales pour affronter un monde aux configurations nouvelles et déroutantes.

UNE JUSTICE PAR DES OBJETS TRANSITIONNELS

Si le droit civil n'a qu'un rôle transitoire, si la justice n'est que le marchepied de la politique, pourquoi alors s'embarrasser de ces intermédiaires ? La métaphore du droit civil a montré ses vertus : son vocabulaire permet de raconter la mondialisation et sa grammaire de trouver prise sur elle. Et surtout la matière même de ce droit nous fournit des objets transitionnels : les biens, la terre, l'argent, les œuvres d'art ou des vestiges sacrés offrent aux conflits politiques une très appréciable médiation, donc une possible mise à distance. Grâce à ces objets, la reconnaissance n'a plus besoin d'être un sentiment : elle est contenue dans un geste extérieur et dans une évaluation financière qui garantissent une bonne distance (distance dont on a vu qu'elle était au centre de ces affaires). On se souvient de la métaphore de la table chère à Hannah Arendt, qui symbolise la relation politique en ce qu'à la fois elle réunit et sépare ; on peut en dire de même de ces actions en réparation, où les objets du litige réunissent et divisent les parties (chose et cause ont la même origine).

Cette dimension patrimoniale introduit un élément tiers entre le droit et la politique, entre le récit et le calcul. Tenter d'accorder une valeur à de tels préjudices, c'est les rapatrier dans une échelle de valeurs communes. L'argent permet de laïciser ces drames qui sont sans cesse aspirés par la métaphysique, de dépassionner les conflits politiques en évitant de les aborder de face, de progresser vers leur résolution en se cantonnant à ce qui est extérieur, sans être obligé d'aborder le fond. La métaphore de la dette et la référence du droit civil sont d'excellents objets transitionnels pour une communauté politique nationale qui se remet de son histoire ou pour un monde qui cherche ses marques : ils lui permettent de formuler des revendications, de poser les problèmes, de se rapprocher sans trop se lier, de se parler mais par l'intermédiaire des objets, de faire de la politique sans se tuer. Ce qui n'est pas si mal.

Tout se joue de façon subtile entre la justice des biens et la reconnaissance des hommes, entre le partage de la terre et la participation publique, entre l'échange et le don, entre les transferts monétaires et leur signification politique. Les réparations sont une manière de dépasser l'histoire sans humilier ; les biens sont une façon de traiter des personnes sans trop les engager, de rapprocher des étrangers, voire d'anciens ennemis, mais pas de trop près. L'ambiguïté de la dette lui procure sa force : elle aime les comptes justes mais n'interdit pas la générosité, elle clôture le passé mais sans injurier l'avenir, elle permet à chacun de sauver la face, elle oblige à se reconnaître sans forcément s'aimer : bref, elle nous propose une manière de rester politique sans tout donner à la politique.

NOTES

INTRODUCTION

1. Voir, à ce sujet, Pablo De Greiff (dir.), *The Handbook of Reparations*, Oxford, Oxford University Press, 2006.

2. Ce livre s'inscrit dans une réflexion sur les transformations des rapports entre justice et politique à l'époque contemporaine commencée dans : *Le Gardien des promesses, le Juge et la Démocratie*, Paris, Odile Jacob, 1996 ; *Des crimes qu'on ne peut ni punir ni pardonner*, Paris, Odile Jacob, 2002 ; auxquels s'ajoutent *Et ce sera justice. Punir en démocratie* (avec Frédéric Gros et Thierry Pech), Paris, Odile Jacob, 2001 et *Juger en Amérique et en France* (avec Ioannis Papadopoulos), Paris, Odile Jacob, 2003.

3. Pascal Bruckner, *La Tyrannie de la pénitence. Essai sur le masochisme occidental*, Paris, Grasset, 2006.

4. Jean-Michel Chaumont, *La Concurrence des victimes. Génocide, identité, reconnaissance*, Paris, La Découverte, 1997.

5. Pascal Bruckner, *op. cit.*, p. 170.

6. Philippe Moreau Defarges, *Repentance et réconciliation*, Paris, Presse de Sciences-Po, 1999.

7. Bertrand Le Gendre, « Guerre des mémoires, épisode 2 », *Le Monde* du 25 octobre 2007.

8. Pascal Bruckner, *op. cit.*, p. 187.

PREMIÈRE PARTIE

Une nouvelle utopie politique

Chapitre premier

LA NAISSANCE DE L'IDÉE DE RÉPARATIONS CIVILES DE L'HISTOIRE

1. Horatia Muir Watt, « Privatisation du contentieux des droits de l'homme et vocation universelle du juge américain : réflexions à partir des actions en justice des victimes de l'Holocauste devant les tribunaux des États-Unis », *Revue internationale de droit comparé*, 2003, n° 4, p. 885.

2. C'est ainsi que sont communément appelées ces affaires, qui ont pris leur origine aux États-Unis, où le terme « Holocauste » est préféré à celui de « Shoah », terme apparu plus tard et plus utilisé en Europe.

3. Le Congrès des États-Unis a voté en 1988 une loi autorisant le gouvernement à indemniser les Américains d'origine japonaise qui avaient été internés durant la Seconde Guerre mondiale sur ordre de Roosevelt.

4. Le 21 août 1947, le secrétaire général de l'Association suisse des banquiers (ASB) s'opposa à une législation sur les fonds en déshérence tout en lançant une enquête auprès de ses membres, d'où il résulta qu'un demi-million de francs suisses se trouvait en déshérence (il sera prouvé par la suite que certaines banques avaient fait de fausses déclarations). Les banques se retranchèrent derrière le secret bancaire, réclamèrent des émoluments importants pour entreprendre des recherches et exigèrent des certificats de décès des titulaires décédés à Auschwitz... Sous la pression américaine, le Parlement suisse obligea en 1962 les banques à identifier les comptes dont les propriétaires n'avaient plus donné signe de vie depuis mai 1945. Les banques ne trouvèrent alors que 794 comptes pour un montant de quelque 6 millions de francs suisses.

5. Ce dernier remit, le 7 mai 1997, un rapport intitulé *Les Efforts américains et alliés pour trouver et restituer l'or et les autres actifs volés ou cachés par l'Allemagne durant la Seconde Guerre mondiale*, très critique à l'égard de la Suisse.

6. Les banques suisses n'étaient pas légalement tenues, jusqu'à la crise des fonds en déshérence, de conserver leurs archives au-delà de dix ans.

Le juge Korman établit en 2000 une grille de répartition de 1,25 milliard de dollars entre cinq types de victimes :

a) Un montant maximum de 800 millions de dollars est réservé aux propriétaires des comptes ou à leurs ayants droit (au 23 janvier 2007, 435,5 millions de dollars avaient été versés à 17 587 personnes).

b) Un montant de 100 millions de dollars est attribué aux victimes des pillages, 90 % aux Juifs et 10 % aux non-Juifs (Tsiganes, Témoins de Jéhovah, handicapés et homosexuels). Au 23 janvier 2007, 205 millions de dollars ont été versés à 180 738 personnes.

c) Un montant est réservé aux travailleurs forcés ou à leurs héritiers de classe 1 (soit 7 500 dollars par personne provenant du fonds allemand de réparation et 1 400 dollars de l'Accord global). En tout,

300 000 personnes juives et non-juives ont bénéficié de ces 8 900 dollars. Au 23 janvier 2007, 282,7 millions de dollars ont été versés à 193 831 personnes.

d) Un montant est réservé aux travailleurs forcés ou à leurs héritiers de classe 2, c'est-à-dire aux employés d'une entreprise suisse sur le territoire du Reich. Au 23 janvier 2007, 794 600 dollars ont été versés à 548 personnes.

e) Les réfugiés refoulés à la frontière suisse (17 000 personnes pourraient recevoir entre 2 500 et 5 000 dollars).

Au 23 janvier 2007, 11,5 millions de dollars ont été versés à 4 114 personnes. Les frais d'avocats se sont montés jusqu'ici à 7 millions de dollars et ne devraient pas excéder les 10 millions de dollars, soit moins de 1 % du montant de l'Accord global.

7. Le juge Korman espère finir la distribution de l'argent de l'Accord global en 2008. Selon toute vraisemblance, entre 200 et 250 millions de dollars (provenant de 1,25 milliard de dollars initiaux ainsi que des intérêts produits) n'auront pas été distribués, car les ayants droit n'auront pu être identifiés. Selon une proposition à l'étude, cet argent sera affecté aux rescapés des persécutions nazies vivant dans le dénuement.

8. À la fin 2001, 288,7 millions de francs suisses (169,3 millions de dollars) ont été récoltés. Ils sont allés à plus de 300 000 victimes du nazisme, juives et non-juives (essentiellement les Tsiganes et les prisonniers politiques), selon une grille de réparation de 88 % et de 12 %, car cela représentait le pourcentage de victimes juives parmi tous les groupes concernés. Les sommes versées à chaque personne ont oscillé entre 400 et 1 400 dollars. Parmi les rescapés juifs, 35 % sont allés à ceux qui vivent en Europe orientale (environ 45 000 personnes), 35 % à ceux qui vivent en Israël (120 000 personnes), 19 % à ceux qui vivent aux États-Unis (62 000 personnes), le reste étant affecté à des rescapés vivant dans le reste du monde (source : Pierre Hazan, « Le cas du contentieux entre les banques suisses et les organisations juives américaines », conférence donnée dans le cadre de la journée organisée le 15 février 2007 sur « La réparation des préjudices de l'histoire » par la Cour de cassation, disponible sur son site : http://www.courdecassation.fr/formation_br_4/2007_2254/assurances_responsabilites-9487.html).

9. Elle fut instituée par un décret du 10 septembre 1999 (voir http://www.civs.gouv.fr).

10. Voir, à ce sujet, Peter Novick, *L'Holocauste dans la vie américaine*, Paris, Gallimard, 2001.

11. Paul W. Kahn, « Why the United States is so opposed », *Crimes of War Projects,* décembre 2003, http://www.crimesofwar.org/icc_magazine/icc-kahn.html (nous traduisons).

12. Voir Pierre Hazan, *Le Mal suisse*, Paris, Stock, 1998.

13. Burt Neuborne, « Preliminary reflections on aspects of Holocaust-era litigation in american courts », *Washington University Law Quarterly*, 2002, vol. 80, n° 3, p. 831 (nous traduisons).

14. Il s'agit d'une institution propre à la procédure civile américaine qui autorise le demandeur d'exiger de la partie qu'il attaque qu'elle produise tous les documents relatifs à sa demande (ce qui permet d'« aller à la pêche » – pratique dite du *fishing* – et de trouver en cours de procédure les éléments justifiant l'action, alors que le droit civil continental exige de les produire dès l'assignation).

15. Seul le juge Johnson déclarera recevable l'action contre les banques françaises, ce qui lui valut beaucoup de critiques (Stuart E. Eizenstat, *Une justice tardive. Spoliations et travail forcé, un bilan de la Seconde Guerre mondiale*, préface d'Elie Wiesel, trad. de l'américain par Cécile Déniard, Paris, Seuil, 2004, p. 143).

16. Proverbe latin qui signifie : « Plus le droit est strict, plus grande est l'injustice. »

17. Stuart Eizenstat, *op. cit.*, p. 93.

18. Voir à ce sujet : John Authers, Richard Wolffe, *The Victim's Fortune. Inside the Epic Battle over the Debts of the Holocaust*, New York, HarperCollins, 2002 ; voir également Frederick T. Davis, « The american legal system confronts the Holocaust », *Columbia Journal of Transnational Law*, 2003, n° 41.

19. Toutes ces données ont été fournies par Gilles Wolkowitsch lors de la journée de la Cour de cassation du 15 février 2007, « La place de la justice et de l'équité dans la définition et l'imputation de la contribution demandée en 2000 aux entreprises d'assurance au titre des spoliations subies pendant l'Occupation par les personnes victimes de lois de discrimination raciale », conférence donnée dans le cadre de la journée organisée le 15 février 2007 sur « La réparation des préjudices de l'histoire » par la Cour de cassation, disponible sur son site : http://www.courdecassation; fr/formation_br_4/2007_2254/assurances_responsabilites- 9487.html.

20. *Ibid.*

21. « Mais dans la société procédurière américaine, c'était trop d'espérer que toute cette publicité n'allait pas attirer l'attention d'avocats en quête d'un procès contre les vulnérables banques suisses. Les fauves guettaient leur proie » (Stuart Eizenstat, *op. cit.*, p. 88).

22. *Ibid.*, p. 89.

23. *Ibid.*, p. 132.

24. Littéralement « à l'ombre de la loi ».

25. Le processus de nomination des juges américains est en effet délibérément politique en reposant soit sur l'élection, soit sur le choix du gouverneur, voire, en ce qui concerne la Cour suprême des États-Unis, du président.

26. Pour pouvoir prospérer, une action de groupe (*class action*) doit être certifiée par le juge, ce qui revient à confirmer les avocats qui la représentent.

27. Stuart Eizenstat, *op. cit.*, p. 136.

28. Voir *infra*, chapitre 4.

29. Stuart Eizenstat, *op. cit.*, p. 156.

30. *Ibid.*, chapitre 10.
31. *Ibid.*, p. 114.
32. *Ibid.*, p. 82.
33. *Ibid.*, p. 374.
34. Jean Carbonnier *Sociologie juridique*, Paris, PUF, coll. « Thémis », 1978, p. 322.
35. Stuart Eizenstat, *op. cit.*, p. 74.
36. *Ibid.*, p. 362.
37. Michael J. Bazyler, *Holocaust Justice. The Battle for Restitution in America's Courts*, New York, New York University Press, 2003, p. 328 (nous traduisons).
38. Stuart Eizenstat, *op. cit.*, p. 40.
39. *Ibid.*, p. 325.
40. Horatia Muir Watt, art. cit., p. 3.
41. Stuart Eizenstat, *op. cit.*, p. 367.
42. Michael Bazyler, *op. cit.*, p. 305 (nous traduisons).
43. Robert P. Burns, *A Theory of the Trial*, Princeton, Princeton University Press, 1999.
44. Voir sur ce point : Georg Simmel, *Philosophie de l'argent*, trad. de l'allemand par Sabine Corneille et Philippe Vierne, Paris, PUF, 1999, coll. « Quadrige », p. 446.
45. Voir Gérard Courtois, « La vengeance, du désir aux institutions », *La Vengeance. Études d'ethnologie, d'histoire et de philosophie*, t. 4 : *La Vengeance dans la pensée occidentale*, Paris, Cujas, 1984.
46. Voir *infra*, chapitres 5 à 8.
47. Voir *infra*, chapitre 9 et la conclusion.
48. Je me permets de renvoyer à Antoine Garapon, « La justice comme reconnaissance », *Vérité, réconciliation, réparation*, sous la direction de Barbara Cassin, Olivier Cayla et Philippe-Joseph Salazar, Paris, Seuil, coll. « Le genre humain », 2004.
49. C'est-à-dire le système issu du traité de Westphalie en 1648.
50. Pour reprendre la formulation de Max Weber (*Sociologie du droit*, préface de Philippe Raynaud, introduction et traduction de Jacques Grosclaude, Paris, PUF, 1986).
51. Voir *infra*, chapitre 2.
52. Voir Norman G. Finkelstein, *L'Industrie de l'Holocauste. Réflexions sur l'exploitation de la souffrance des juifs*, trad. de l'américain par Éric Hazan, Paris, La Fabrique, 2001.
53. Dans ces commissions, l'échange de l'aveu de ce que l'on avait fait entraînait amnistie sous certaines conditions. Cette formule peu juridique fut préférée à la stricte application du droit pénal, improbable et coûteuse.
54. Voir à ce sujet : Jeffrey C. Alexander, « On the social construction of moral universals. The "Holocaust" from war crime to trauma drama », *European Journal of Social Theory*, 2002, 1.
55. Sur cette distinction, voir Olivier Abel, *Paul Ricœur. La Promesse et la Règle*, Paris, Michalon, 1996, chapitre 3.

56. Stuart Eizenstat, *op. cit.*, p. 375.

57. Burt Neuborne, art. cit., p. 106 (nous traduisons).

58. Myriam Revault d'Allonnes, *Le Pouvoir des commencements. Essai sur l'autorité*, Paris, Seuil, 2006, p. 234.

59. Maurice Merleau-Ponty définit l'institution à partir des « événements d'une expérience qui la dotent de dimensions durables, par rapport auxquelles toute une série d'autres expériences auront sens, formeront une suite pensable ou une histoire » (*Résumé de cours*, Paris, Gallimard, 1982, cité par Myriam Revault d'Allonnes, *Merleau-Ponty. La Chair du politique*, Paris, Michalon, 2001).

Chapitre 2

L'ESPOIR D'UN DÉPASSEMENT DE L'HISTOIRE

1. Voir, entre autres, Carlo Guinzburg, *Le Juge et l'Historien. Considérations en marge du procès Sofri*, Lagrasse, Verdier, 1997.

2. Loi du 21 mai 2001 « tendant à la reconnaissance de la traite et de l'esclavage en tant que crime contre l'humanité », dite loi Taubira.

3. Selon lequel, passé un certain délai, aucune accusation ne sera possible.

4. C'est-à-dire lorsque le plaignant ne peut plus agir en justice du fait de la prescription.

5. Arrêt du 13 décembre 2006 de la chambre d'appel du 7e circuit fédéral des États-Unis, *African-American Slave Descendants Litigation*, rendu par les juges Easterbrook, Posner et Marion.

6. L'historien Henry Laurens constate, à propos du conflit israélo-palestinien, la difficulté « à affronter le passé dans la mesure où ce dernier est créateur de droits, de culpabilités, de responsabilités et de reconnaissances. Les événements sont porteurs de souffrance et sont soumis à des procès rétrospectifs et à des exigences de réparations actuelles. Cette logique de judiciarisation influe directement sur notre façon de nous représenter ce qui s'est passé dans une perspective de condamnation ou de recherche de circonstances atténuantes. On se situe dans l'entrecroisement entre l'histoire comme connaissance issue du travail de l'historien et l'histoire comme déroulement du temps humain » (*La Question de Palestine*, t. III : *1947-1967. L'Accomplissement des prophéties*, Paris, Fayard, 2007, p. 12).

7. Paul Ricœur, *Temps et récit*, t. III : *Le Temps raconté*, Paris, Seuil, 1985, p. 340.

8. À la différence du procès pénal qui place en son centre l'accusé, dans le procès civil, c'est le plaignant qui est le véritable moteur du procès. Tout se dérègle – et c'est une difficulté de la justice contemporaine qui accorde une grande place aux victimes – lorsque ces dernières prétendent occuper la place centrale du procès pénal, comme lors du procès Eichmann. « Un procès, dit Hannah Arendt, ressemble à une pièce dans ce sens que l'un et l'autre commencent et finissent avec le personnage actif, non avec la victime passive » (*Eichmann à Jérusalem. Rap-*

port sur la banalité du mal, trad. de l'anglais par Anne Guérin, Paris, Gallimard, coll. « Folio-histoire », 1991, p. 20).

9. Paul Ricœur, *La Mémoire, l'Histoire, l'Oubli*, Paris, Seuil, 2000, p. 389-390.

10. Lors du conflit d'ex-Yougoslavie, les Occidentaux et les populations locales n'avaient à l'évidence pas le même rapport à l'histoire. Des manifestants serbes chantaient des chants patriotiques français de la guerre de 14-18 à des jeunes soldats du contingent français qui les avaient complètement oubliés.

11. Paul Ricœur cité par Guy Petitdemange, *Philosophes & philosophies du XXe siècle*, Paris, Seuil, 2003, p. 405.

12. Rheinart Koselleck, *L'Expérience de l'histoire*, trad. de l'allemand par Alexandre Escudier, Paris, Gallimard/Seuil, 1997, chapitre 1 : « Le concept d'histoire ».

13. Voir *infra*, chapitre 3.

14. Bruno Karsenty, *La Société en personnes. Études durkheimiennes*, Paris, Economica, 2006, p. 113.

15. *Ibid.*, p. 105.

16. François Tricaud, *L'Accusation. Recherches sur les figures de l'agression éthique*, Paris, Dalloz, 1977, p. 25.

17. « De certains événements ou agissements que la doctrine juridique qualifie de faits juridiques, le droit fait naître des obligations qui n'ont pas été réellement voulues par les obligés. Ces obligations tendent à rétablir, dans un patrimoine, un état antérieur que le fait juridique, par hypothèse, avait rompu (on appelle volontiers justice le rétablissement du *statu quo ante* ») (Jean Carbonnier, *Droit civil*, t. 2 : *Les Biens, les obligations*, Paris, PUF, coll. « Quadrige », 2004, p. 2251).

18. Hannah Arendt, *Condition de l'homme moderne*, trad. de l'anglais par Georges Fradier, préface de Paul Ricœur, Paris, Calmann-Lévy, 1961 ; rééd. Poche Agora, 1985, chapitre V, « L'action ».

19. *Ibid.*, p. 306.

20. « "Compensation claim against Lebanon : gov't in works". Attorneys Yehudah Talmon, Yoram Dantzinger and Nitzah Libai preparing symbolic lawsuits to be presented in US against Lebanese government for compensation to be paid to Israeli businessmen and citizens for war damages » (*Haaretz* du 20 juillet 2006).

21. *Haaretz* du 26 août 2007.

22. Eric A. Posner, Adrian Vermeule, « Reparations for Slavery and Other Historical Injustices », *Columbia Law Review,* 2003, n° 103.

23. Voir *infra*, chapitre 6.

24. Elazar Barkan, *The Guilt of Nations. Restitutions and Negociating Historical Injustices*, New York, Norton, 2000, p. 182-187.

25. « Vendez ou crevez de faim. »

26. *New York Times* du 4 juillet 1980.

27. Emily Sherwin, « Reparations and Unjust Enrichment », *Cornell Law School Legal Studies Research Paper Series*, 2004, 6, http://lsr.nellco.org/cornell/lsrp/papers/6.

28. « [À] la lumière des événements récents, on peut dire que même les esclaves faisaient encore partie d'une certaine forme de communauté humaine ; leur travail était nécessaire, utilisé, exploité, et cela les maintenait au sein de l'humanité » (Hannah Arendt, *Les Origines du totalitarisme*, t. 2 : *L'Impérialisme*, trad. de l'anglais par Martine Leiris, édition établie sous la direction de Pierre Bouretz, Paris, Gallimard, coll. « Quarto », 2002, p. 600).

29. Voir chapitre suivant.

30. On parle, par exemple, de « liquidités ».

31. Zygmunt Bauman, *Le Présent liquide. Peurs sociales et obsession sécuritaire*, trad. de l'anglais par Laurent Bury, Paris, Seuil, 2007.

32. Jacques T. Godbout, *Ce qui circule entre nous. Donner, recevoir, rendre*, Paris, Seuil, coll. « La couleur des idées », 2007, p. 160.

33. Pour reprendre l'expression de Péguy développée par Myriam Revault d'Allonnes. « L'autorité peut ainsi être envisagée dans la perspective d'une continuité du monde assurée par la relève des générations... » (*Le Pouvoir des commencements..., op. cit.*, p. 225).

34. Marcel Hénaff, *Le Prix de la vérité. Le don, l'argent, la philosophie*, Paris, Seuil, coll. « La couleur des idées », 2002, p. 300.

35. Voir à ce sujet Paul Ricœur, *Philosophie de la volonté II, Finitude et culpabilité*, livre II : *La Symbolique du mal*, Paris, Aubier, 1960.

Chapitre 3

LE PARI D'UNE JUSTICE PLUS OBJECTIVE

1. Jacques Godbout, *op. cit.*

2. Michel Villey, « Préface historique », *Archives de philosophie du droit*, t. 24 : *Les biens et les choses*, Paris, Sirey, 1979, p. 6.

3. Platon, *L'Euthyphron*, in *Premiers dialogues*, traduction, notice et notes par Émile Chambry, Paris, Garnier/Flammarion, 1967, p. 193-194.

4. Voir *supra*, chapitre 1 ; Janna Thompson insiste également là-dessus (*Taking Responsability for the Past. Reparation and Historical justice*, Cambridge (UK), Polity, 2002, chapitre 3).

5. François Tricaud (*op. cit.*) insiste en effet sur l'opposition grecque entre, d'une part, le droit intrafamilial – *Thémis* – caractérisé par la souillure et par la peine, et, de l'autre, *Dikè*, droit interfamilial de la vengeance et de la réparation.

6. Carl Schmitt, *Le Nomos de la terre dans le droit des gens du* jus publicum europaeum, trad. de l'allemand par Lilyane Deroche-Gurcel, révisé, présenté et annoté par Peter Haggenmacher, Paris, PUF, 2001.

7. Distinction fondamentale qui est rappelée par l'article 516 du code civil français.

8. Elazar Barkan, *op. cit.*, p. 239 (nous traduisons).

9. *Ibid.*, p. 238.

10. Alan Riding, « Dutch to Return Art Seized by Nazis », *New York Times* du 7 février 2006 (nous traduisons).

11. *Vue de l'asile et de la chapelle à Saint-Rémy* (1889) acquis aux enchères à Londres pour 257 600 dollars et estimé aujourd'hui entre 10 et 15 millions de dollars.

12. *Le Monde* du 1er novembre 2007.

13. Lorsqu'un guerrier mourait au combat, sa tête était conservée et exposée dans un endroit consacré jusqu'au moment où l'on estimait que son âme était partie ; la tête était alors inhumée près du village. Nombre d'Européens ramenèrent de telles têtes dont le commerce fut interdit par les Britanniques en 1831.

14. *Le Monde* du 9 octobre 2007.

15. Emmanuel De Roux, « L'affaire de la tête maorie rouvre le débat sur la vente des œuvres », *Le Monde* du 26 octobre 2007.

16. Jacques Godbout, *op. cit.*, p. 316-317.

17. D'ailleurs, Marcel Hénaff se demande s'il n'y a pas de relation entre cette situation américaine et le fait que ce même pays soit aussi le dernier à maintenir la peine de mort. « Ce maintien sert d'ultime refuge à la dette symbolique ; on demande en sorte aux condamnés à la peine capitale de témoigner par leur mort du hors-de-prix de la vie quand par ailleurs ce prix est constamment défini et négocié sur le marché » (*Le Prix de la vérité…*, *op. cit.*, p. 317, note 71).

18. *Ibid.*, p. 517.

19. Voir *infra*, chapitre 4.

20. Comme dans l'affaire *Nike* (voir *infra*, chapitre 4).

21. Voir *infra*, chapitre 8.

22. *Wall Street Journal* du 4 décembre 1998, « The dangers of Holocaust restitution ».

23. Abraham Foxham, cité par Michael Bazyler, *op. cit.*, p. 287 (nous traduisons).

24. Hannah Arendt/Karl Jaspers, *Correspondance (1926-1969)*, trad. de l'allemand par Éliane Kaufholtz-Messmer, Paris, Payot, 1995, p. 100.

25. Abraham Foxham, *op. cit.*, p. 287.

26. La raison de ce choix était technique, la loi de 1905 prévoyant une peine supérieure (cinq années d'emprisonnement) à celle de l'homicide involontaire (deux années).

27. Max Weber, *Sociologie du droit…*, *op. cit.*

28. Voir *infra*, chapitre 6.

29. Marcel Hénaff, *op. cit.*, p. 316.

30. Georg Simmel, *op. cit.*, p. 49.

31. Vincent Descombes, *Les Institutions du sens*, Paris, Minuit, 1996, p. 239.

32. Max Weber, *La Ville*, Paris, Aubier, 1982, cité par Jacques Godbout, *op. cit.*, p. 159.

33. Jacques Godbout, *op. cit.*, p. 159.

34. Marcel Hénaff, *op. cit.*, chapitre 4 : « L'énigme du don réciproque cérémoniel ».

Chapitre 4

LE RÊVE D'UNE « CIVILISATION » DU MONDE

1. Surtout dans les procédures continentales, puisque la partie civile n'existe pas dans le procès pénal de *common law*.

2. « [L]'histoire des États-Unis, reconnaît Stuart Eizenstat, ne présente aucun précédent d'une telle négociation juridique entre le gouvernement américain et des entreprises privées, ni d'une telle intervention dans les procédures présentes et futures » (Stuart Eizenstat, *op. cit.*, p. 278).

3. Santi Romano, *L'Ordre juridique*, trad. de l'italien par L. François et P. Gothot, Paris, Dalloz, coll. « Philosophie du droit », 2002.

4. C'est ainsi que sont appelés, aux États-Unis les avocats qui se consacrent à une cause déterminée, la peine de mort par exemple.

5. C'est-à-dire des possibilités d'intenter une action qui sont définies par la loi.

6. René David et Camille Jauffret Spinosi, *Les Grands Systèmes de droit contemporains*, Paris, Dalloz, coll. « Précis », 2002.

7. Ce qu'il appelle *Die Hegung*, qui a pour racine le verbe *hegen* qui signifie « garder », « entourer de soin » (Jean-Claude Monod, *Penser l'ennemi, affronter l'exception. Réflexions critiques sur l'actualité de Carl Schmitt*, Paris, La Découverte, 2006, p. 126).

8. « Le droit, selon Schmitt, est originellement une certaine combinaison d'*Ordnung* et d'*Ortung* – *Ordnung*, c'est-à-dire *ordonnancement*, mise en ordre qui instaure en soi une règle (*Ordnung* a à la fois le sens d'ordre, de rangement et de règle ou de règlement) et *Ortung*, c'est-à-dire *détermination du lieu* (*Ort*), davantage qu'une simple localisation d'un endroit sur une carte : une véritable appropriation du lieu par une mesure, une délimitation et un usage qui les « situent » entre d'autres espaces » (*ibid.*, p. 124).

9. Stuart Eizenstat, *op. cit.*, p. 239.

10. Décision du 7e circuit du 13 décembre 2006.

11. MM. Easterbrook (*chief judge*) et Richard Posner.

12. *Nike Inc. v. Kasky*, 539 US 654 (2003).

13. C'est ainsi qu'on appelle les ateliers où des ouvriers travaillent dans des conditions déplorables en Asie.

14. Benoît Frydman, *Responsabilité des entreprises responsables et corégulation*, par Thomas Berns, Pierre-François Docquir, Benoît Frydman, Ludovic Hennebel et Gregory Lewkowicz, Bruxelles, Bruylant, coll. « Penser le droit », 2007.

15. Voir Eric A Posner et Adrian Vermeule, art. cit.

16. Voir à ce propos Gilles Deleuze, *Pourparlers*, Paris, Minuit, 1990, p. 237.

17. Cette loi, qui remonte à la fondation des États-Unis, donnait compétence aux tribunaux américains pour connaître, hors de tout critère

de rattachement, les demandes de victimes d'actes de piratage se trouvant sur son sol.

18. Émile Durkheim, *Les Formes élémentaires de la vie religieuse. Le Système totémique en Australie*, Paris, PUF, 1979 (6e édition).

19. Voir Mark Osiel, *Juger des crimes de masse. La mémoire collective et le droit*, préface d'Antoine Garapon, trad. de l'américain par J.-L. Fidel, Paris, Seuil, coll. « La couleur des idées », 2006.

Chapitre 5

LA TENTATIVE DE DONNER FORME PAR LA DETTE AU LIEN POLITIQUE MONDIALISÉ

1. René Dussaut, « Les *stolen generations* : le cas du Canada », communication dans le cadre de la journée organisée le 15 février 2007 sur « La réparation des préjudices de l'histoire » par la Cour de cassation, disponible sur son site : http://www.courdecassation;fr/formation_br_4/2007_2254/assurances_responsabilites-9487.html.

2. Ce point est particulièrement important en ce qu'il assimile le crime contre l'humanité, qui se caractérise par la sortie de la réciprocité, comme en forme négative de don ; qui appellera à son tour le contre-don plus que la contrepartie de l'échange. Le don appelle la réplique, l'action une contre-action, le transfert marchand une contrepartie.

3. Voir *infra*, chapitre 6.

4. Dans les affaires de l'indemnisation de l'Holocauste, un détail significatif est relevé par de nombreux observateurs : lors du premier rendez-vous entre les représentants des associations juives américaines et les banquiers suisses, ces derniers ont malencontreusement fait attendre leurs hôtes américains. Et voici que Bronfman se raidit lorsqu'il se sent *méprisé* par les banquiers (Stuart Eizenstat, *op. cit.*, p. 72).

5. Le 8 novembre 2006, l'armée israélienne tuait 20 civils palestiniens dans la ville de Beit Hanoun à cause d'un missile ayant manqué sa cible. L'enquête révéla que cette erreur était due à un composant électronique défectueux.

6. Voir à ce sujet : Richard Weisberg, *Vichy Law and the Holocaust in France*, New York University Press and Hartwood Academic Publishers, 1996, traduit en français par Lise-Éliane Pomier et Yves Coleman sous le titre : *Vichy, la justice et les juifs*, Éditions des archives contemporaines, 1998.

7. Reg Graycar, art. cit.

8. Ce brouillage du passé et du présent se retrouvera lorsque les juges du 7e circuit rapprocheront l'indemnisation de l'esclavage et la protection du droit des consommateurs (voir chapitre suivant).

9. Distinction proposée par Sydney Tarrow, « Protests in France : la crise à la française », *French Politics and Society*, 1997, 15, 2.

10. Frédéric Royall, « Protestations collectives d'une minorité socio-économique en France », *French Politics, Culture & Society*, 2000, vol. 18, n° 2, p. 73.

11. Cité par Axel Honneth, « Reconnaissance et justice. Esquisse d'une théorie pluraliste de la justice », *Le Passant ordinaire*, 2002, n° 38, p. 39.

12. Article 14(b) du traité de paix signé par le Japon et ses ennemis en 1951 qui prévoit que « sauf autrement décidé par les parties, les forces alliées renoncent à réclamer ultérieurement, en leur nom propre ou au nom de leurs ressortissants, quelconque indemnisation pour des actes commis par l'armée japonaise ou par des ressortissants japonais pendant le cours de la guerre, ou encore pour supporter les coûts de l'occupation » (cité par Michael Bazyler, *op. cit.*, p. 312, nous traduisons).

13. L'accréditation est la décision de justice qui reconnaît l'existence d'un intérêt collectif et accepte qu'il soit représenté par les avocats des demandeurs.

14. Elazar Barkan, *op. cit.*, chapitre 11.

15. Comme par exemple la *class action* lancée par des militaires et des civils qui avaient servi lors de la première guerre du Golfe en 1991, qui ont dû manipuler des armes chimiques. L'action fut rejetée par le juge de New York (décision du juge de district Glasser, le 30 juin 2006).

16. Ernst H. Kantorowicz, *Mourir pour la patrie et autres textes*, trad. de l'américain et de l'allemand par Laurent Mayali et Anton Schütz, présentation par Pierre Legendre, Paris, PUF, 1984, p. 141.

17. Il s'agit de la possibilité désormais reconnue par la loi française aux personnes poursuivies d'accepter la peine que leur propose le procureur, sans avoir à subir l'épreuve du procès.

18. Je me permets de renvoyer sur ce point à Antoine Garapon, Frédéric Gros, Thierry Pech, *Et ce sera justice. Punir en démocratie*, *op. cit.*

19. Voir *supra*, chapitre 1.

20. Marcel Hénaff, *op. cit.*, p. 299.

21. « L'histoire juridique de l'État en Occident est celle de la programmation de son innocence au criminel », Yan Thomas, « La vérité, le temps, le juge et l'historien », *Le Débat*, 1998, n° 102, p. 32.

22. Claude Lefort, *Essais sur le politique. XIXe-XXe siècle*, Paris, Seuil, 1986, p. 256.

23. Voir *supra*, chapitre 2.

24. Paul Dumouchel, « Le territoire comme figure de l'espace politique », *Spazio sacrificale, spazio politico*, sous la direction de Maria-Stella Barberi, Ancona, Transeuropa, 2008. « À l'intérieur de l'État pacifié, ajoute-t-il, tous doivent être amis. La solidarité sans partage qui doit régner à l'intérieur du premier cercle de l'identité ne peut s'accommoder de la différence entre ordres qui témoigne d'une hostilité entre groupes. La Révolution va résoudre cette tension en offrant un principe de solidarité et d'identité en harmonie avec l'expulsion des ennemis à l'extérieur de l'État et la transformation des rapports de solidarité qui en constitue la contrepartie : l'égalité de tous les citoyens. »

25. « La simplification des deux domaines de l'adversité et de l'identité, unifiés sous le signe de l'universalité du droit, remplace cet entrela-

cement multipolaire et asymétrique par un arrangement dont le centre est unique et où, idéalement, tous sont à distance égale les uns des autres et du centre. Tous les citoyens sont solidaires par leur identique appartenance à la nation » (Paul Dumouchel, *ibid.*).

26. Voir Paul Dumouchel, « Le terrorisme à l'âge impérial », *Esprit*, 2002, n° 8-9.

27. Voir, entre autres, *La Quête de reconnaissance. Nouveau phénomène social total*, sous la direction d'Alain Caillé, Paris, La Découverte, 2007.

DEUXIÈME PARTIE

Les contradictions d'une justice civile universelle

Chapitre 6

L'IMPOSSIBLE RETOUR AU *STATU QUO ANTE*

1. Voir *supra*, chapitre 5, p. 136.

2. Le Fonds de garantie automobile, par exemple.

3. Voir Peter Kocàcs, « La jurisprudence de la Cour constitutionnelle hongroise en matière de réparation des préjudices de l'histoire », communication au colloque organisé à la Cour de cassation le 15 février 2007 sur « La réparation des préjudices de l'histoire » par la Cour de cassation, disponible sur son site : http://www.courdecassation;fr/formation_br_4/2007_2254/assurances_responsabilites-9487.html.

4. Toutes choses égales par ailleurs.

5. Voir à ce sujet Ariel Colonomos, *La Morale dans les relations internationales. Rendre des comptes*, Paris, Odile Jacob, 2005, p. 46.

6. Jeremy Waldron, « Superseding Historic Injustice », *Ethics*, octobre 1992, 103, p. 12 (nous traduisons).

7. Voir *infra*, chapitre 10.

8. C'est-à-dire lorsque le délit continue de produire ses effets dans le temps (l'affichage prohibé ou le recel, par exemple, sont des délits continus alors que le vol est un délit instantané).

9. Voir *supra*, chapitre 5.

10. Voir *supra*, chapitre 2.

11. Eric Posner, Adrian Vermeule, art. cit., p. 702.

12. Même si, en réalité, c'est une présentation tronquée de l'affaire qui devait trancher non pas le préjudice d'être né, mais d'être né handicapé.

13. Jean Carbonnier, *Droit civil*, t. 2, *op. cit.*, p. 1814.

14. *Ibid.*, p. 1824.

15. Jeremy Waldron, art. cit., p. 26 (nous traduisons).

16. C'est aussi un problème qui est spécifique à la justice pénale internationale.

17. Voir à ce propos Michel Villey, *Philosophie du droit*, Paris, Dalloz, coll. « Précis », t. 1 : *Définitions et fins du droit*, 1978, p. 58.

18. La guerre de Sécession a fait 600 000 morts, plus que tous les Américains tombés lors des deux guerres mondiales.

Chapitre 7

LES DÉRIVES D'UNE JUSTICE SANS TIERS

1. Voir *infra,* chapitre 1.
2. *Spiegel on line* du 3 mai 2007.
3. François Hartog, *Régimes d'historicité : présentisme et expériences du temps*, Paris, Seuil, coll. « Librairie du XXIe siècle », 2003, quatrième couverture.
4. Cent cinquante-neuf sont norvégiens, 4 suédois et un allemand.
5. *Spiegel on line* du 8 mars 2007.
6. Pour approfondir l'argumentation des demandeurs, consulter le site : www.acaccia.fr
7. Arrêt du 27 mars 2007.
8. Michel Zaoui, « Le triomphe du ressentiment. Réflexions sur l'affaire Lipietz/l'État et la SNCF », *Plurielles*, 2007, n° 13, p. 77-80.
9. *Le Monde* du 31 août 2006.
10. Stuart Eizenstat, *op. cit.*, p. 153.
11. Accord entre l'entreprise Total et l'association Sherpa pour un montant de 5,2 millions d'euros en vue de mettre un terme définitif à la procédure engagée en 2002 devant le tribunal de grande instance de Nanterre (« Total va indemniser ses accusateurs », *Le Monde* du 29 novembre 2005).
12. Pierre Hazan, « Le cas du contentieux entre les banques suisses et les organisations juives américaines », communication précitée.
13. *Ibid.*
14. « Lorsqu'il n'y a pas de liens personnels de réciprocité au niveau individuel, la boucle doit se boucler au métaniveau, ou elle ne se bouclera pas. En l'absence d'un médiateur capable de prendre en charge le niveau global des échanges, les opérations discrètes ne peuvent avoir lieu » (Mark Rogin Anspach, *À charge de revanche. Figures élémentaires de la réciprocité*, Paris, Seuil, 2002, p. 77).

Chapitre 8

L'AMBIVALENCE DE LA RÉPARATION FINANCIÈRE

1. Voir *supra*, chapitre 1.
2. C'est l'idée de « dette négative » pour Jacques Godhout, *op. cit.*, p. 170.
3. Rapportée aux massacres de populations civiles, à la déportation de masse, à la torture au sens judiciaire du terme, etc., une telle affirmation n'est-elle pas un peu excessive ? Elle témoigne, en tout cas, d'une évolution de la sensibilité contemporaine qui se concentre plus sur les atteintes à la dignité humaine que sur les violences proprement guerrières.
4. Voir *infra*, chapitre 10.

5. Voir à ce sujet Stéphane Audouin-Rouzeau, Annette Becker, *14-18. Retrouver la guerre*, Paris, Gallimard, 2000.

6. Comme on a parlé, à propos de l'audience pour les victimes de violences sexuelles, de « second viol ».

7. Norimitsu Onishi, « Japan's "atonement" to former sex slaves stirs anger », *New York Times*, du 25 avril 2007 (nous traduisons).

8. *Ibid.*

9. Georg Simmel, *Philosophie de l'argent...*, *op. cit.*, p. 47.

10. Kwame Afo, vice-président de la Provisonnal Government of the Republic of New Africa.

11. Elazar Barkan, *op. cit.*, p. 289.

12. Georg Simmel, *Philosophie de l'argent...*, *op. cit.*, p. 515.

13. Marcel Hénaff, *Le Prix de la vérité...*, *op. cit.*, p. 317.

14. Le président sénégalais s'est opposé à des réparations pécuniaires (Pierre Hazan, *Juger la guerre, juger l'histoire. Du bon usage des commissions Vérité et de la justice internationale*, Paris, PUF, 2007, p. 128).

15. Stuart Eizenstat cité par Michael Bazyler, *op. cit.*, p. 294.

16. Pierre Hazan, communication précitée.

17. Michael Bazyler, *op. cit.*, p. 301.

18. « Reducing the Holocaust to mere dollars and cents », *Los Angeles Times* du 11 décembre 1998, p. 26.

19. Il s'agit de Michael Hausfeld, de Mel Weiss et de Burt Neuborne (Stuart Eizenstat, *op. cit.*, p. 367).

20. Comme Michel Zaoui qui a été présent lors des trois procès.

21. Michael Bazyler, *op. cit.*, p. 292.

22. Elazar Barkan, *op. cit.*, p. 275.

23. Voir *supra*, chapitre 7.

24. Michael R. Marrus, « Official apologies and the quest for historical justice », *The Journal of Human Rights* (à paraître).

25. Voir Tom Seguev, *Le Septième Million. Les Israéliens et le Génocide*, trad. de l'anglais et de l'hébreu par Eglal Errera, Paris, Liana Lévi, 1993, chapitre 12.

26. Shmuel Trigano, « Que faire avec l'indemnisation des spoliations ? », *Le Monde* du 2 mars 2000, reproduit sous le titre « Indemnisation des victimes, don et citoyenneté », *Les Cahiers du MAUSS*, 2000, n° 15, p. 87.

27. *Ibid.*, p. 87.

28. L'argument de l'antisémitisme peut être facilement contré : ce n'en est jamais un parce que les antisémites feront flèche de tout bois. Il y a, d'autre part, un argument factuel qui est celui que la plupart de ces actions en restitution intentées en Europe ont bénéficié à des non-Juifs. En ce qui concerne le travail forcé par exemple : 80 % des bénéficiaires des 10 milliards de deutsche marks indemnisèrent des vieux Slaves des pays d'Europe de l'Est (Michael Bazyler, *op. cit.*, p. 297).

29. Elli Wohlgelernter, « Compensation issue clouds Holocaust message », *Jerusalem Post*, 19 janvier 2001, 6A, cité par Michael Bazyler, *op. cit.*, p. 289 (nous traduisons).

30. Norman Finkelstein, *op. cit.*

31. Richard Cohen, « The money matters », *Washington Post* du 8 décembre 1998 (nous traduisons).

32. Pierre Hazan, « Payons, et n'en parlons plus », *Libération* du 27 novembre 1998, p. 5.

33. Elazar Barkan, *op. cit.*, p. 274.

34. *Ibid.*, p. 274 (nous traduisons).

35. *Ibid.*, p. 275 (nous traduisons).

36. *Ibid.*, p. 187 (nous traduisons).

37. Elie Wiesel, *Time Magazine* du 24 février 1997 (nous traduisons).

38. Israël Singer cité par Michael Bazyler, *op. cit.*, p. 295 (nous traduisons).

39. Pour expliquer le sens qu'il donne à cette négativité de l'argent, Simmel prend l'exemple du paysan exproprié contre une indemnisation, du commerçant rentier ou du fonctionnaire à la retraite. Tous les trois, en effet, « semblent avoir libéré leur personnalité de la contrainte que les conditions spécifiques de leurs possessions ou position leur imposaient, c'est en réalité l'inverse qui s'est produit : ils ont abandonné leurs contenus positifs de leur moi, pour l'argent qui ne leur garantit rien de tel [...]. Parce que la liberté que donne l'argent n'est que potentielle, formelle, négative, son acquisition en échange de contenus vitaux positifs (si d'autres, venus d'ailleurs, ne viennent pas aussitôt se glisser à la place devenue vide) signifie la vente de valeurs inhérentes à la personnalité » (Georg Simmel, *Philosophie de l'argent, op. cit.*, p. 508).

40. « Le rôle que joue l'argent dans le gain de liberté individuelle donne une définition très importante du concept de liberté. La liberté semble d'abord n'avoir qu'un caractère purement négatif : c'est seulement en opposition avec un attachement qu'elle prend son sens, elle libère toujours de quelque chose et remplit son concept quand elle exprime l'absence d'obstacles » (*ibid.*, p. 508).

41. *Ibid.*, p. 508.

42. Voir *supra*, chapitre 2.

43. Shmuel Trigano, art. cit.

44. Propos recueillis auprès d'un ancien membre de la CVIS.

45. Walid Mebarek, « Repentance : d'anciens appelés d'Algérie s'engagent », *El Watan* du 14 mai 2007.

46. Jean-Baptiste Racine, *Le Génocide des Arméniens. Origine et permanence du crime contre l'humanité*, Paris, Dalloz, 2006, p. 151-155.

47. Pierre Hazan, communication précitée.

48. *Ibid.*

49. Pierre Hazan, *Le Mal suisse, op. cit.*, p. 260.

50. Georg Simmel rappelle en effet : « La monnaie italique la plus ancienne était une pièce de cuivre sans forme déterminée, qui par conséquent ne se comptait pas mais se pesait. Or, jusqu'à l'époque impériale, où l'argent s'était incomparablement affiné, on a continué

d'utiliser cette pièce de cuivre informe, par prédilection, tant pour les offrandes religieuses que comme symbole juridique » (*op. cit.*, p. 512).

51. Gilles Wolkowitsch, communication précitée.

52. Pierre Hazan, communication précitée.

Chapitre 9

LES LIMITES DU FORMALISME JURIDIQUE

1. S'agissant des réparations, l'IER a dénombré 16 891 demandes recevables. Sur celles-ci, 6 385 ex-victimes recevront une indemnisation financière (soit 37,9 %), 1 895 recevront en plus réparation d'autres préjudices (11,2 %), et 1 499 personnes (8,9 %) ont reçu des recommandations pour des réparations (sources Pierre Hazan, *Juger la guerre...*, *op. cit.*, p. 184).

2. Déclarations de Salah El-Ouadie à Pierre Hazan.

3. Je me permets de renvoyer à Antoine Garapon, *Le Gardien des promesses...*, *op. cit.*

4. Marcel Hénaff, *Le Prix de la vérité...*, *op. cit.*, p. 205.

5. Paul Ricœur, « La condition d'étranger », *Esprit*, 2006, n° 3-4, p. 261.

6. *Ibid.*, p. 267 (nous soulignons).

7. R. von Jhering, *L'Esprit du droit romain dans les diverses phases de son développement*, trad. de l'allemand par O. de Meulenaere, t. 3, rééd. Bologne, Forni, 1969, p. 164.

8. Paul Ricœur, *Parcours de la reconnaissance. Trois études*, Paris, Stock, 2004, p. 322.

9. Axel Honneth, *La Lutte pour la reconnaissance*, Paris, Cerf, 2000.

10. Paul Ricœur, *Parcours de la reconnaissance...*, *op. cit.*, p. 268.

11. Le protocole n'avait en effet pas prévu que le chancelier allemand s'agenouille.

12. Discours du 16 juillet 1995.

13. Georg Simmel, « Métropoles et mentalité », cité par Godbout, *op. cit.*, p. 111.

14. Marcel Hénaff, *Le Prix de la vérité...*, *op. cit.*, p. 514.

15. Marcel Hénaff, « La dette de sang et l'exigence de justice », *in Violences, victimes et vengeances*, sous la direction de Paul Dumouchel, Paris, L'Harmattan/Les Presses de l'Université de Laval, 2000, p. 61.

16. Marc Frangi, « Les "lois mémorielles" : de l'expression de la volonté générale au législateur historien », *Revue de droit public*, 2005, 1, p. 245.

17. *L'Express* du 4 octobre 2004, cité par Marc Frangi, art. cit., p. 253, note 31.

18. Rappelons-en les termes : « La France reconnaît publiquement le génocide arménien de 1915. La présente loi sera exécutée comme loi de l'État » (article unique de la loi du 29 janvier 2001 relative à la reconnaissance du génocide arménien).

19. Cité par Éric Keslassy, Alexis Rosenbaum, *Mémoires vives. Pourquoi les communautés instrumentalisent l'histoire*, Paris, Bourin, 2007, p. 126.

20. C'est-à-dire une violation grave et patente d'une liberté civile.

21. Voir *South African Apartheid Litigation*, jugement du 29 novembre 2004 rendu par la cour fédérale du district sud de New York (John E. Sprizzo, juge).

22. Suzanne Goldenberg, « After 400 years, Virginia issues official apology for slavery », *The Guardian* du 26 février 2007.

23. Je remercie Francis McGovern pour avoir attiré mon attention sur ce point capital.

24. C'est-à-dire des dommages et intérêts qui excèdent le montant du préjudice pour exercer un effet punitif et dissuasif sur le défendeur condamné.

25. Pierre Hazan, communication précitée (nous soulignons).

26. Voir *supra*, chapitre 3.

27. Jeremy Waldron, art. cit., p. 7 qui utilise le mot *earnest* qui contient précisément l'idée de « gage ».

Chapitre 10

POUR UN DÉSENDETTEMENT MUTUEL PAR LA POLITIQUE

1. La somme de 122 millions de dollars ne fut pas réclamée (Elazar Barkan, *op. cit.*, p. 183).

2. On estime ainsi que cette dernière jurisprudence n'a ouvert une action en restitution qu'à 10 % des aborigènes (Elazar Barkan, *op. cit.*, p. 244).

3. Ce passage doit beaucoup aux travaux de Pierre Hazan : *Juger la guerre...*, *op. cit.*, chapitre III.

4. *Ibid.*

5. Samir Amin, Congrès mondial contre le racisme, Genève, journal *Solidarités*, 10 novembre 2001, n° 136, p. 17 (cité par Pierre Hazan, *Juger la guerre...*, *op. cit.*, p. 112).

6. Pierre Hazan, *Juger la guerre...*, *op. cit.*, p. 131.

7. Ce qui en allemand est une référence biblique : littéralement « chemin d'épines » (Dorota Dakowska, « Le "Centre contre les expulsions" : les enjeux d'un débat transnational », *L'Europe et ses passés douloureux*, sous la direction de Georges Mink et Laure Neumayer, Paris, La Découverte, 2007, p. 133).

8. Il s'agit des décrets par lesquels le gouvernement tchécoslovaque expulsa les Allemands des Sudètes.

9. Dorota Dakowska, art. cit., p. 132.

10. Cité par Dorota Dakowska, art. cit., p. 132.

11. Il y eut aussi parmi eux d'anciens SS.

12. Déclaration germano-tchèque du 21 janvier 1997, citée par Laure Neumayer, « Les institutions européennes comme acteurs de la réconci-

liation en Europe centrale : une médiation entre droit et politique », *L'Europe et ses passés douloureux, op. cit.*, p. 209.

13. Cité par Laure Neumayer, *ibid.*, p. 203.
14. Jacques Godbout, *op. cit.*, p. 168.
15. Marcel Hénaff, *Le Prix de la vérité..., op. cit.*, p. 314.
16. Michaël Sandel cité par Jacques Godbout, *op. cit.*, p. 200.
17. Stuart Eizenstat, *op. cit.*, p. 363.

REMERCIEMENTS

Ce livre est en dette à l'égard de beaucoup : du groupe de travail qui a organisé la journée du 15 février 2007 à la Cour de cassation, et donc à son premier président, Guy Canivet, dont la confiance dans notre travail ne s'est jamais démentie, à Horatia Muir Watt, complice sur tant de sujets, avec qui j'ai eu le plaisir d'animer ce groupe, à Geneviève Helleringer qui en a assuré avec diligence le secrétariat scientifique, à ses membres et aux personnalités qu'il a entendues et notamment Reg Graycar et Jacques Rupnik ; à Gilles Wolkowitsch qui en a enrichi les travaux aussi bien intellectuellement que matériellement, à tous ceux qui ont participé à cette journée : René Dussaut, Salah El-Ouadie, Peter Kovàcs, Francis McGovern, Xavier Philippe ; à la mémoire de René Rémond qui nous a vivement encouragés, qui a fait l'impossible pour venir et dont la conclusion nous manquera à jamais.

J'ai également bénéficié du témoignage des acteurs directs de cette histoire passée ou toujours en cours : Patrick Baudouin, Antoine Bernard, Fred Davis, Driss El Yazami, Sidiki Keba, Richard Weisberg, Michel Zaoui, auxquels je me sens lié par l'amitié autant que par une même conception de la justice.

Ce livre a été considérablement enrichi par les commentaires de ceux qui ont pris le temps de lire une première version : Joëlle Adda, Julie Allard, Michaël Marrus, Michaël Foessel, Paul Dumouchel, à la pensée duquel ce livre doit tant, Lucien Karpik, lecteur impitoyable et tellement perspicace et, enfin, Pierre Hazan, avec qui le dialogue sur ce sujet est irremplaçable.

Les étudiants du master de droit pénal comparé de l'Université de Bologne ont été mes premiers auditeurs ; que soient ici remerciés les collègues de cette université pour leur accueil : Gaetano Insolera et Luigi Stortoni ainsi que les amis Carlo Guarnieri et Andrea Lollini avec lesquels je collabore si agréablement depuis des années.

Je suis infiniment redevable à l'égard de toute l'équipe qui sans compter sa peine accompagne la merveilleuse aventure de l'IHEJ : Marie-Claude Miquel, Madeleine Chami, Amandine Giraud, Barbara Villez, Joël Hubrecht, Harold Épineuse, Alphonse N'Goma.

Que soit enfin remerciée ma fille, Béatrice Garapon, qui a relu ce manuscrit avec attention et disponibilité.

TABLE

DEUXIÈME PARTIE

Les contradictions d'une justice civile universelle

DU MÊME AUTEUR
CHEZ LE MÊME ÉDITEUR

Le Gardien des promesses. Justice et démocratie, 1996.

Bien juger. Essai sur le rituel judiciaire, 2001.

Des crimes qu'on ne peut ni punir ni pardonner. Pour une justice internationale, 2002.

Et ce sera justice. Punir en démocratie (avec F. Gros et T. Pech), 2001.

Juger en Amérique et en France (avec I. Papadopoulos), 2003.

Cet ouvrage a été composé et mis en pages
chez Nord Compo (Villeneuve-d'Ascq)

www.ingramcontent.com/pod-product-compliance
Lightning Source LLC
LaVergne TN
LVHW050844051026
849532LV00006BA/2100